水經卷第十六

漢桑欽撰　後魏酈道元注

穀水　甘水　漆水　滻水

沮水

穀水出弘農黽池縣南墦塚林穀陽谷

山海經曰傅山之西有林焉曰墦塚穀水出焉東流注于洛其中多珉玉今穀水出于崤東馬頭山穀陽谷東北流歷黽池川本中鄉地也漢景帝三年初徙萬戶爲因崤黽之池以目縣焉亦或謂之彭池故徐廣史記音義曰黽或作彭穀水處也穀水又東逕秦趙二城南司馬彪續漢書曰赤眉從黽池自利陽南欲赴宜陽者也世謂之俱利城者

彥曰昔秦趙之會各據一城秦王使趙王鼓瑟藺相如令秦王擊缶處也馮異又破赤眉於是川矣故光武璽書曰始雖垂翅回溪終能奮翼黽池可謂失之東嵎收之桑榆矣穀水又東逕土崤北所謂三崤也穀水又東左會北溪溪水北出黽池山東南流注于穀疑即孔安國所謂澗水也穀水又東逕新安縣故城南北夾流而西接崤黽昔項羽西入秦坑降卒二十萬於此國滅身亡宜矣穀水又東逕千秋亭南其亭累石爲垣世謂之城也潘岳西征賦曰亭有千秋之號子無七旬之期謂是亭也又東逕于雍谷溪回岫縈紆石路阻峽故亦有峽石之稱矣晉大歷側左與北川水合水有二

源並導北山東南流合成一水自乾注巽入于穀穀水又東逕缺門山山阜之不接者里餘故得是名矣二壁爭高斗聳相亂西瞻雙阜右望始低穀水自門而東廣陽川注之水出廣陽北山東南流注于穀南望微山雲峯相亂穀水又逕白超壘南戴延之西征記云次至白超壘去函谷十五里築壘當大道左右有山夾至相去百餘步從中出北乃故關城非所謂白超壘也是壘在缺門東一十五里壘側舊有塢故冶官所在魏晉之日引穀水爲水冶以經國用遺跡尚有穀水又東石默溪水出微山東麓石默溪東北流入于穀穀水又東宋水北流注于穀穀水又東逕魏將作大匠毋丘興

盛墓南二碑存焉儉父也管輅別傳曰輅嘗隨軍四征過其墓而歎謂士友曰玄武藏頭青龍無足白虎銜尸朱雀悲哭四危已備法應滅族果如其言穀水又東逕函谷關南東北流皂澗水注之水出新安縣東南流經毋丘興盛墓東又南逕函谷關西關高險峽路出壓郭漢元鼎三年樓船將軍楊僕數有大功恥居關外請以家僮七百人築塞徙關於新安即此處也昔郭丹西入關感慨於其下曰不乘駟馬高車終不出此關也去家十二年果如志焉皂澗水又東流入于穀穀水又東北逕函谷關城東右合桑爽之水山海經曰白石山西五十里曰穀山其上多穀其下多桑爽之水出焉

世謂之紵麻澗北流注于穀山海經曰其中多碧
穀水又東澗水注之山海經曰婁涿山西四十里曰
白石之山澗水出焉北流注于穀自下通謂之澗
水爲穀水之兼稱焉故尚書曰伊洛瀍澗既入于
河而無穀水之目是名亦通稱矣劉澄之云新安
有澗水源出北縣又有淵水未知其源余考諸地
記並無淵水但淵澗字相似時有字錯爲淵也故
闞駰地理志曰禹貢之淵水是以知傳寫書誤字
謬舛眞證之不思所致耳既無斯水何源之可求
乎穀水又東波水注之山海經曰瞻諸山西三十
里婁涿之山無草木多金玉波水出于其陰也謂
之百荅水北流注于穀山海經曰其中多茈石文

石穀水又東少水注之山海經曰瘣山西三十里
曰瞻諸之山其陽多金其陰多文石少水出于其
陰控引衆溪積以成川東流注于穀世謂之慈澗
也穀水又東俞隨之水注之山海經曰平蓬山西
十里瘣山其陽多㻬琈之玉俞隨之水出于其陰
北波注于穀世謂之孝水也潘岳西征賦曰澡孝
水以濯纓嘉美名之在兹是水在河南城西十餘
里故呂忱曰孝水在河南而戴延之言在函谷關
西劉澄之又六出檀山檀山在宜陽縣西在穀水
南無南入之理考尋兹說當承緣生述征謬誌耳
緣生從戍行旅征途訊訪既非舊土故無所究今
川瀾北注澄映泥濘得言枯澗也皆爲踈僻矣

東北過穀城縣北

城西臨穀水故縣取名焉穀水又東逕穀城南不歷其北又東逕洛水枝流入焉今無水也

又東過河南縣北東南入于洛

河南城西北穀水之右有石磧磧南出爲死穀北出爲湖溝魏太和七年暴水流高三丈此地下停流以成湖渚造溝以通水東西十里決湖以注瀍水穀水又逕河南王城北所謂成周矣公羊曰成周者何東周也何休曰名爲成周者周道始成王所都也地理志曰河南河南縣故郟鄏地也京相璠曰郟山名鄏地邑也十年定鼎爲王之東都謂之新邑是爲王城其城東南名曰鼎門蓋九鼎所

從入也故謂是地爲鼎中楚子伐陸渾之戎問鼎於此述征記曰穀洛二水本於王城東北合流所謂穀洛鬭也今城之東南缺千步世又謂之穀洛鬭處俱爲非也余按史傳周靈王之時穀洛二水鬭毀王宫王將堨之太子晉諫王不聽遺堰三堤尚存左傳襄公二十五年齊人城郟穆叔如周賀韋昭曰洛水在王城南穀水在王城北東入于瀍至靈王時穀水盛出於王城西而南流合於洛兩水相格有似於鬭而毀王城西南也潁容之著春秋條例言西城梁門枯水處世謂之死穀是也始知緣生行中造次入關經究故事與實違矣考王封周桓公於是爲西周及其孫惠公封少子於鞏

爲東周故有東西之名矣秦滅周以爲三川郡項羽封申陽爲河南王漢以爲河南郡王莽又名之曰保忠信鄉光武都洛陽以爲尹尹正也所以董正京畿率光百郡也穀水又東流逕乾祭門北子朝之亂晉所開也東至千金堨河南十二里境薄曰河南縣城東十五里有千金堨洛陽記曰千金堨舊堰穀水魏時更修此堰謂之千金堨積石爲堨而開溝渠五所謂之五龍渠渠上立堨堨之東首立一石人石人腹上刻勒云太和五年二月八日庚戌造築此堨更開溝渠此水衡渠上其水助其堅也必經年歷世是故部立石人以記之云爾蓋魏文帝修王張故績也堨是郡水使者陳協所

造也語林曰陳協數進阮步兵酒後晉文王欲修九龍堰阮舉協文王用之掘地得古承水銅龍六枚堰遂成水歷堨東注謂之千金渠逮于晉世大水暴注溝瀆泄壞又廣功焉石人東脇下文云太始七年六月二十三日大水迸瀑出常流上三丈蕩壞二堨五龍泄水南注瀉下加歲久漱齧每澇即壞歷載消棄大功今故爲令遏更於西開泄名曰伐龍渠地形正平誠得爲泄至理千金不與水勢激爭無緣當壞由其卑下水得輸上漱齧故也今增高千金於舊一丈四尺五龍自然必歷世無患若五龍歲久復壞可轉於西更開二堨二渠合用二十三萬五千六百九十八功以其年十月二

十三日起作功重人少到八年四月二十日畢代
龍渠即九龍渠也後張方入洛破千金堨公私頼
之水積年渠堨頹毀石砌殆盡遺基見存朝廷太
和中修復故堨按千金堨石人西脇下文云若溝
渠乆踈深引水者當於河南城北石磧西更開渠
北出使首孤立故溝東下因故易就磧堅便時事
業已訖然後見之加邊方多事人力苦少又渠堨
新成未患於水是以不敢預修通之若於後當復
興功者宜就西磧故書之於石以遺後賢矣雖石
磧淪敗故跡可憑準之於文北引渠東合舊瀆舊
瀆又東晉惠帝造石渠於水上按橋西門之南頰
文稱晉元康二年十一月二十日改治石巷水門

除堅枋更爲函枋立作覆枋屋前後辟級續石障
使南北入岸築治漱處破石以爲殺矣到三年三
月十五日畢記并紀列門廣長深淺于左右巷東
西長七尺南北龍尾廣十二丈巷瀆口高三丈謂
之睪門橋又潘岳西征賦曰秣馬睪門即此處也
穀水又東又結石梁跨水制城西梁也穀水又東
左會金谷水水出大白原東南流歷金谷謂之金
水東南流逕晉衛尉卿石崇之故居也石季倫金
谷詩集叙曰余以元康七年從太僕出爲征虜將
軍有別廬在河南界金谷澗中有清泉茂樹衆果
竹栢藥草蔽翳澗水又東南得歷泉水北歷泉溪
東南流注于澗澗水又東南出橋西亭西又南得

籍水口水出西山百澗聲流總成一川東歷當亭川即當亭縣治也左則當亭水注之右則曾席水又東與大弁川水出西山二源合注東歷大弁川東南流注于籍水籍水又東南流與竹嶺水合水出南山竹嶺二源同瀉東北入籍水籍水又次東北入上邽縣左佩五水東會占溪水次東有大魯溪水次東得小魯谷水次東有楊反谷水咸自北山注離注籍水籍水右帶五水竹嶺東得亂石溪水次東得木門谷水次東得羅城溪水次東得山谷水皆導源南山北流入籍水籍水又東黃瓜水注之其水發源黃瓜西谷東流逕黃瓜縣北又東清溪白水左右夾注又東北大旱谷水南出旱溪歷澗北流泉溪委漾同注黃瓜水黃瓜水又東北歷赤合咸歸于籍籍水又東得毛泉谷水又東逕上邽城南得覈泉水並出南山北流注于籍籍水即洋水也北西北角築之謂之金墉城魏文帝起層樓於東北隅晉宮閣名曰金墉有崇天堂即此地上架水爲榭故曰樓矣皇居創徙宮極未就止蹕於此構宵榭於故臺所謂臺以停停也南曰乾光門夾建兩觀觀下列朱桁於塹以爲御路東曰含春門北有退門城上西面列觀五十步一睥睨屋臺置一鍾以和漏鼓函北連廡蔭墉北廣榭炎夏之日高梘常以避暑爲渌水池一所在金墉者世穀水逕洛陽小城北因阿舊城憑結金墉故向

地也永嘉亂結以爲壘號曰洛陽壘故洛陽記曰
陵雲臺西有金市金市北對洛陽壘者也又東歷
大夏門下故夏門也陸機與弟書云門有三層高
百尺魏明帝造門内東側際城有魏文帝所起景
陽山餘基尚存孫盛魏春秋曰黄初元年文帝愈
崇宫殿雕飾觀閣取白石英及紫石英及五色大
石於太行穀城之山起景陽山於芳林園樹松竹
草木捕禽獸以充其中于時百役繁興帝躬自掘
土率群臣三公已下莫不展力山之東舊有九江
陸機洛陽記曰九江直作貟水水中作貟壇三破
之夾水得相逕通賦曰濯龍芳林九谷八溪芙蓉
覆水秋蘭被崖今也山則塊阜獨立江無復髣髴

矣渠水又東枝分南入華林園歷疎圃南圃中有
古玉井井悉以珉玉爲之以緇石爲口玉作精密
猶不變古璨焉如新又逕華宫南歷景陽山北山
在都亭堂上結方湖湖中起御坐石也御坐前建
蓬萊山曲池接筵飛沼拂席南面射侯夾席武峙
背山堂上則石路崎嶇巖嶂峻嶮雲臺風觀纓巒
帶阜遝觀者升降耶閣出入虹陛望之狀島没鸞
舉矣其中引水飛睾傾瀾瀑布或枉渚聲溜潺潺
不斷竹柏蔭於層石繡薄叢於泉側微颷暫拂則
芳溢於六空入爲神居矣其水東生天淵池池中
有魏文帝九花叢殿基悉是洛中故碑累之今造
釣臺於其上池南置魏文帝茅茨堂前有茅茨碑

是黃初中所立也其水自天淵池東出華林園逕聽訟觀南故平望觀也魏明帝常言獄天下之命也每斷大獄恒幸觀聽之以太和三年更從今名觀西北接華林隸簿昔劉楨磨石處也文士傳曰文帝之在東宮也宴諸文學酒酣命甄后拜坐坐者咸伏唯劉楨平視之太祖以爲不敬送徒隸簿後太祖乘步牽車乘城降閱簿作諸徒咸敬而楨摳坐磨石不動太祖曰此非劉楨也石如何性楨曰石出荆山玄巖之下外炳五色之章內秉堅貞之志雕之不增文磨之不加瑩禀氣貞正禀性自然太祖曰名豈虚哉復爲文學池水又東流于洛陽縣之南池池即故狄泉也南北百一十步東

西七十步皇甫謐曰悼王葬景王於翟泉今洛陽太倉中大冢是也春秋定公元年晉魏獻子合諸侯之大夫于翟泉始盟城周班固服虔皇甫謐咸言翟泉在洛陽東北周之墓地今按周威烈王葬洛陽城內東北隅景王冢在洛陽太倉中翟泉在兩冢之間側廣莫門道東建春門路北路即東宮街也於洛陽爲東北後秦封呂不韋爲洛陽十萬戶侯大其城并得景王冢矣是其墓地也及晉永嘉元年洛陽東北步廣里地陷有二鵝出蒼色者飛翔沖天白色者止焉陳留孝廉董養曰步廣周之狄泉盟會之地今色倉胡象矣其可盡言乎後五年劉曜王彌入洛帝居平陽陸機洛記曰步廣

里在洛陽城內宮東是狄泉所在不得於太倉西南也京相璠與裴司空彥季脩晉輿地圖作春秋地名亦言今太倉西南池水名狄泉又曰舊說言秋泉本自在洛陽北長弘成周乃繞之杜預因其一證必是狄泉而即實非也後遂爲東宮池晉中州記曰惠帝爲太子出聞蝦蟇聲問人爲是官蝦蟇私蝦蟇侍臣賈胤對曰在官地爲官蝦蟇在私地爲私蝦蟇令曰若官蝦蟇可給廩先是有讖云蝦蟇當貴昔晉朝收愍懷太子於後池即是池也其一水自大夏門東逕宣武觀憑城結構不更層墉左右夾列步廊參差翼跂南望天淵池北矚宣武場竹林七賢論曰王戎幼而清秀魏明帝於宣

武場上爲欄苞虎阱使力士袒裼迭與之搏縱百姓觀之戎年七歲亦往觀焉虎承門薄欄而吼其聲震地觀者無不辟易顛仆戎亭然不動帝於門上見之使問姓名而異之場西故賈充宅地穀水又東逕廣莫門北漢之穀門也北對芒阜連嶺脩亘苞惣衆山始自洛口西踰平陰悉芒龍也魏志曰明帝欲平北芒令登臺見孟津侍中辛毗諫曰若九河溢涌洪水爲害丘陵皆夷何以禦之帝乃止穀水又東出屋南逕建春門石橋下卽上東門也阮嗣宗詠懷詩曰步出上東門者也一曰上升門晉曰建陽門百官志曰洛陽十一門候一人六百石東觀漢記曰郅惲爲上東門候光武嘗出夜

晉書云都水使者陳狼鑿運渠從洛口入注九曲
至東陽門是以阮嗣宗詠懷詩所謂朝出上東門
遥望首陽基又言遥遥九曲間徘徊欲何之者也
陽渠南水南暨閶闔門漢之上西門者也漢官記
曰上西門所以不純白者漢家厄於戌故以丹鏤
之太和遷都徙門南側其水北乘高渠枝分上下
歷故石橋東入城逕望先寺中有碑碑側法子丹
碑作龍矩勢於今作則佳方古猶劣渠水又東歷
故金市南直千秋門右宮門也又枝流入石逗伏
流注靈芝九龍池魏太和中皇都遷洛陽經構宮
極修理街渠務窮隱發石視之嘗無毀壞又石工
細密非今知所擬亦奇爲精至也遂因用之其一

水自千秋門南流逕神虎門下東對雲龍門二水
衡栿之上皆列龍雲風虎之狀以火齊薄之及其
晨光初起夕景斜輝霜文翠照陸離眩目又南逕
通門掖門西又南流東轉逕閶闔門南案禮王有
五門謂皐門庫門雉門應門路門路門一曰畢門
亦曰虎門也魏明帝上法太極於洛陽南宮起太
極殿于漢崇德殿之故處改雉門爲閶闔門昔在
漢世洛陽宮殿門題多是大篆言是蔡邕諸子自
董卓焚宮殿魏太祖平荆州漢吏部尚書安定梁
孟皇善師宜官八分體求以贖死太祖善其法常
仰繫帳中愛翫之以爲勝宜官北宮牓題咸是鵠
筆南宮既建明帝令侍中京兆韋誕以古篆書之

九層浮圖浮圖下基方一十四丈自金露柈下至地四十九丈取法代都七級而又高廣之雖二京之盛五都之富利刹靈圖未有若斯之搆按釋法顯行傳西國有爵離浮圖其高與此相狀東都西域俱爲莊妙矣其地是曹爽故宅經始之日於寺院西南隅得爽窟室下入土可丈許地壁悉累方石砌之石作細密都無所毁其石悉入法用自下曹爽庸匠亦難復制此桓氏有言曹子丹生此豚犢信矣渠左是魏晋故廟地今悉民居無復遺墉也渠水又西歷廟社之間南注南渠廟社各以物色辯方周禮廟及路寢皆如明堂而有燕寢焉唯祧廟別無後代通爲一廟列正室於下無復燕寢之制禮天子建國左廟右社以石爲主祭則希冕今多王公攝事王者不親拜焉咸寧元年洛陽大風帝社樹折青氣屬天元王東渡魏社代昌矣渠水自銅駝街東逕司馬門南魏明帝始築闕崩壓殺數百人遂不復築故無闕門南屛中舊有置銅翁仲處金狄既淪故處亦褫唯壞石存焉自此南直宣陽門經緯通達皆列馳道往來之禁一同兩漢曹子建嘗行御街犯門禁以此見薄渠水又東逕杜元凱所謂狄泉北今無水坎方九丈六尺深二丈餘似是人功而不類於泉陂是驗非之一證也又皇甫謐帝王世紀云王室定遂徙居成周小不受王都故壞翟泉而廣之泉源既塞明無故處

是驗非之二證也杜預言翟泉在太倉西南旣言
西南於雒陽不得爲東北是驗非之三證也稽之
地說事幾明矣不得爲狄泉也渠水歷司空府前
逕太倉南東出陽門石橋下注陽渠穀水自閶闔
而南逕上山東水西三里有坂坂上有土山漢大
將軍梁冀所成築土爲山植林成苑張璠漢記曰
山多峭坂以象二崤積金玉採捕禽獸以充其中
有人殺苑兎者迭相尋逐死者十三人南出逕西
陽門舊漢氏之西明門也亦曰雍門矣舊門在南
太和中以故門邪出故徙是門東對東陽門穀水
又南逕白馬寺東是漢明帝夢見大人金色項佩
白光以問群臣或對曰西方有神名曰佛形如陛

下所夢得無是乎於是發使天竺寫致經像始以
榆欓成經白馬負圖表之中夏故以白馬爲寺名
此榆欓後移在城内愍懷太子浮圖中近世復遷
此寺然金光流照法輪東轉創自此矣穀水又南
逕平樂觀東李尤平樂觀賦曰乃設平樂之顯觀
章祕偉之奇珍華嶠漢書曰靈帝於平樂觀下起
大壇上建十二重五采華蓋高十丈壇東北爲小
壇復建九重華蓋高九丈列奇兵騎士數萬人天
子住大蓋下禮畢天子躬擐甲稱無上將軍行陣
三匝而還設祕戲以示遠人故東京賦曰其西則
有平樂都場示遠之觀龍雀蟠蜿天馬半漢應劭
曰飛廉神禽能致風氣古人以良金鑄其象明帝

永平五年長安迎取飛廉并銅馬置上西門外平樂觀今於上西門外無他基觀惟西明門外獨有此臺巍然廣秀疑即平樂觀也又言皇女稚殤霾於臺側故復名之曰皇女臺晉灼曰飛廉鹿身頭如雀有角而地尾豹文董卓銷爲金用銅馬徙於建始殿東階下胡軍喪亂此象遂淪穀水又南逕西門門故廣陽門也門左枝渠東派入城逕太社前又東逕太廟南又東於清陽門右下注陽渠穀水又南東屈逕津陽門南故津陽門也昔洛水泛泆漂落害者衆津城門校將築以遏水諫議大夫陳宜止之曰王尊正也水絶其足朝廷中興必不入矣水乃造門而退穀水又東逕宣陽門南故苑

門也皇都遷洛移置於此對閶闔門南直洛水浮桁故東京賦曰泝洛背河左伊右瀍者也夫洛陽考之中上下惟洛食寔爲神也門左即洛陽池處也池東舊平城門所在矣今塞北對南陽南宮故蔡邕曰平城門正陽之門與宮連屬郊祀法駕所由從出門之最尊者洛陽諸宮名曰南宮有謻臺臨照臺東京賦曰其南則有謻門曲榭依阻城洫注云謻門水室門也阻依洫城下池也皆屈曲耶行依城池爲道故說文曰隍城池也有水曰池無水曰隍矣謻門即宣陽門也門內有宣陽水室周禮有氷人日在北陸而藏之西陸朝覿而出之氷室舊在宣陽門內故得是名門旣擁塞氷室又罷

穀水又逕靈臺北望雲物也漢光武所築高六丈方二十步世祖嘗宴於此臺得走鼠於臺上亦諫議大夫第五子陵之所居倫少子也以清正洛陽無主人鄉里無田宅寄止靈臺或十日不炊司隸校尉南陽左雄尚書廬江朱孟興等故孝廉功曹各致禮餉並辭不受永建中卒穀水又東逕平昌門南故平門也又逕明堂北漢光武中元元年立尋其基構上圓下方九室重隅十二堂蔡邕月令章句同之故引水於其下爲辟雍也穀水又東逕開陽門南晉宫閣名曰故建陽門也漢官曰開陽門始成未有名宿昔有一柱來在樓上琅琊開陽縣上言南城門一柱飛去光武皇帝使來識視良

是遂堅傳之刻記年月日以名焉湯仲弓嘗爲門候上微行夜還湯閉門不内朝廷嘉之又東經國子太學石經北周禮有國學教成均之法學記曰古者家有塾黨有庠遂有序國有學亦有虞氏之上庠下庠夏后氏之東序西序殷人之左學周人之東膠虞庠王制云養國老於上庠養庶老於下庠故有太學小學矣國之子弟焉謂之國子漢魏以來置太學於國子堂東漢靈帝光和六年刻石鏤碑載五經立於太學講堂前悉在東側蔡邕以熹平四年與五官中郎將堂谿典光禄大夫彈議郎張訓韓說太史令單颺等奏求正定六經文字靈帝許之邕乃自書丹於碑使工鐫刻立於太學

門外於是後儒晚學咸取正焉及碑始立其觀視
及筆寫者車乘日千餘兩填塞街陌矣今碑上悉
銘刻蔡邕等名魏正始中又立古篆隸三字石經
古文出於黃帝之世倉頡本鳥跡爲字取其孳乳
相生故文字有六義焉自秦用篆書焚燒先典古
文絶矣魯恭王得孔子宅書不知有古文謂之科
斗書蓋因科斗之名遂効其形耳言大篆出於周
宣之時史籀創著平王東遷文字乖錯秦之李斯
及胡毋敬有改籀書謂之小篆故有大篆小篆焉
然許氏字說專釋於篆而不本古文言古隸之書
起於秦代而篆字文繁無會劇者故用隸人之省
謂之隸書或云即程邈於雲陽增損者是言隸者

篆捷也孫暢之嘗見青州刺史傳弘仁說臨淄人
發古冢得銅棺前和外隱爲隸字言齊太公世孫
胡公之棺也唯三字是古隸同今書證知隸自出
古非始於秦魏初傳古文出邯鄲淳石經古文轉
失淳法樹之於堂西石長八尺廣四尺列石於其
下碑石四十八枚廣三十丈魏文帝又刊典論六
碑附于其次陸機言太學贊別一碑在講堂西下
列石龜碑載蔡邕韓說高堂谿等名太學弟子贊
復一碑在外門中今二碑並無石經東有一碑是
漢順帝陽嘉八年立碑文云建武二十七年造太
學年積毀壞永建六年九月詔書修太學刻石記
年用作工徒十一萬二千人陽嘉九年八月作畢

碑南面刻頌表裏鏤字猶存不破漢石經北有晉
辟雍行禮碑是太始二年立其碑中折但世代不
同物不停故石經淪缺存半毀幾駕言永久諒用
憮焉考古有三雍之文今靈臺太學並無辟雍處
晉永嘉中王彌劉曜入洛焚毀二學尚髣髴前基
矣穀水於城東南隅枝分北注逕清陽門東故清
明門也亦曰稅門也亦曰芒門又北逕東陽門東
故中東門也又北逕故太倉西洛陽地記曰大城
東有太倉倉下運船常有千計即是處也又北入
洛陽溝穀水又東左迤爲池又東右出爲方湖東
西一百九十步南北七十步故水衡署之所在也
穀水又東南轉屈而東注謂之阮曲云阮嗣宗之

故居也穀水又東注鴻池陂百官志曰鴻池池名
也在洛陽東二十里承一人二百石池東西千步
南北千一百步四周有塘池中又有東西横塘水
溜逕通故李尤鴻池陂銘曰鴻澤之陂聖王所規
開又東注出自城池也其水又東左合七里澗晉
後略曰成都王使吳人陸機爲前鋒都督代京師
輕進爲治軍所處大敗於鹿苑人相登躡死於塹
中及七里澗澗爲之滿即是澗也澗有石梁即旅
人橋也昔孫登不欲久居洛陽知楊氏榮不保終
思欲遁跡林鄉隱淪妄死楊駿埋之於此橋之東
駿後尋亡矣搜神記曰太康末京洛始爲折楊之
歌有兵革辛苦之辭駿後被誅太后幽死折楊之

應也楊凡是數橋皆累石爲之亦高壯矣制作甚佳雖以時往損功而不廢行旅朱超石與兄書云橋去洛陽宮六七里悉用大石下員以通水可受大舫過也奇制作題其上云太康三年十一月初就功日用七萬五千人至四月末止此橋逕破落復更修補今無復文字陽渠水又東流逕漢廣野君酈食其廟南廟在北山上成公綏所謂偃師西山也山上舊基尚存廟宇東面門有兩石人對倚北石人胷前銘云門亭長石人西有二石闕雖經頹毀猶高丈餘闕西卽廟故基也基前有碑文字剥缺不復可識子安仰澄芬於萬古讚清徽於廟像文字厥集矣陽渠又東逕亳殷南昔盤庚所遷

改商曰殷此始也班固曰尸鄉故殷湯所都者也故亦曰湯亭薛瓚漢書注皇甫謐帝王世紀並以爲非以爲帝嚳都矣晉太康地理記並言田横死於是亭故改曰尸鄉非也余按司馬彪郡國志以爲春秋之尸氏也其澤野負原夾郭多墳壠焉卽陸士衡會王輔嗣處也袁氏王陸詩叙機初入洛次河南之偃師時忽結陰望道左右民居者因往退宿見一少年姿神端遠與機言玄機服其能而無以酬折前至一辯文機題緯古今綜檢名實此少年不甚欣解將曉去税駕逆旅嫗曰君何宿而來自東數十里無村落上有山陽王家墓機乃怪悵還睇昨路空野昏霾雲攢蔽日知所過者審王

弼也此山即祝雞翁之故居也搜神曰雞翁者洛陽人也居尸鄉北山下養雞百年餘雞至千餘頭皆有名字欲取呼之名則種别而至後之吳山莫知所去矣穀水又東逕偃師城南皇甫謐曰帝嚳作都於亳偃師是也王莽之所謂師氏者也穀水又東流注于洛水矣

甘水出弘農宜陽縣鹿蹏山

山在河南陸渾縣故城西北俗謂之縱山水之所導發于山曲之中故世人目其所爲甘掌焉

東北至河南縣南北入洛

甘水發源東北流北屈逕一故城東在非山上世謂之石城也京相璠曰或云甘水西山上夢汁而

平有故甘城在河南城西二十五里指謂是城也余按甘水東一十許里洛城南有故甘城焉北對河南故城世謂之鑒洛城鑒甘聲相近即故甘城也爲王子帶之故邑矣是以昭叔有甘公之稱焉甘水又與非山水會水出非山東谷東流入于甘水甘水又於河南城西北入洛經言縣南非也故京相璠曰今河南河南縣西有甘水北入洛斯得之矣

瀍水出扶風杜陽縣俞山東北入于渭

山海經曰羭次之山瀍水出焉北流注于渭蓋自北而南矣尚書禹貢太史公禹本紀云導渭水東北至涇又東逕瀍沮入于河孔安國曰瀍沮一名

矣亦曰洛水也出馮翊北周太王去邠度渠踰梁山上峽下故詩云民之初生自土沮漆又曰率西水滸至於岐下是符禹貢本紀之說許慎說文稱渠水出右扶風杜陵縣岐山東入渭從水桼聲又云一曰漆城池也潘岳關中記曰關中有涇渭灞滻酆鄗漆沮之水酆鄗漆沮四水在長安西有渠縣皆注酆鄗水北注渭開山圖曰麗山西北有溫地溫地西南八十里岐川在杜陵埤長安西有渠謂之桼渠班固地理志云桼水出桼縣西闞駰十三州志又云漆水出漆縣西北岐山東入渭今有水出杜陽縣岐山北桼溪謂之桼渠西南流注岐水但川土奇異今說互出考之經史各有所據識淺見浮無以辯之矣

滻水出京兆藍田谷北入于灞

地理志曰滻水出南陵縣之藍田谷西北流與一水合水出西南莽谷東北流注滻水滻水又北歷藍田川北流注于灞水地理志曰滻水北至灞陵入灞水

沮水出北地直路縣東過馮翊祋祤縣北東入于洛

地理志曰沮出畿縣西東入洛今水自直路縣東南逕燋石山東南流歷檀臺川俗謂之檀臺水屈而夾山西流又西南逕宜君川世又謂之宜君水又得黃嶔水口水西北出雲陽縣石門山黃嶔谷東南流注宜君水又東南流逕祋祤縣故城西縣

以漢景帝二年置其水南合銅官水水出東北而西南逕銅官川謂之銅官水又西南流逕祋祤縣東西南流逕其城南原下而西南注宜君水宜君水又南出土門山西又謂之沮水又東南歷土門南原下東逕懷德城南城在北原上又東逕漢太上皇陵北陵在南原上沮水東注鄭渠昔韓欲令秦無東伐使水工鄭國間秦鑿涇引水謂之鄭渠渠首上承涇水於中山西瓠口所謂瓠中也爾雅以爲周焦穫矣渠竝北山東注洛三百餘里欲以漑田中作覺欲殺鄭國曰始臣爲間然渠成亦秦之利卒使就渠渠成而用注填閼之水漑澤鹵四萬餘頃皆畝一鍾關中沃野無復凶年秦以富强

卒并諸侯命曰鄭渠渠瀆東逕宜秋城北又東逕中山南河渠書曰鑿涇水自中山而封禪書漢武帝獲寶鼎於汾陰將薦之甘泉鼎至中山氤氳有黃雲蓋焉徐廣史記音義曰關中有中山非冀州者也指證此山俗謂之仲山非也鄭渠又東逕捨車宮南絕冶谷水鄭渠故瀆又東逕巀嶭山南池陽縣故城北又東絕清水又東逕北原下濁水注焉自濁水以上無濁水上承雲陽縣東大黑泉東南流謂之濁谷水又東南出原注鄭渠又東歷原逕曲梁城北又東逕太上陵南原下北屈逕原東與沮水合分爲二水一水東南出耶濁水也至白渠與澤泉合俗謂之柒水又謂之爲柒沮水絕白

渠東逕萬年縣故城北爲櫟陽渠城即櫟陽宮也漢高帝葬皇考於是縣起墳陵署邑號改曰萬年也地理志曰馮翊萬年縣高帝置王莽曰黒赤也故徐廣史記音義曰櫟陽今萬年矣闞駰曰縣西有涇渭北有小河渭此水也其水又南屈更名石川水又西南逕郭獀城西與白渠枝渠合又南入于渭水也其一水東出即沮水也東與澤泉合水出沮東澤中與沮水隔原相去十五里俗謂是水爲渠水也東流逕薄昭墓南冢在北原上又逕懷德城北東南注鄭渠合沮水又自沮直絶注濁水至白渠合焉故濁水得粜沮之名也沮循鄭渠東逕當道城南城在頻陽縣故城南頻陽宮也公置

城北有頻山山有漢武帝殿以石架之縣在山南故曰頻陽也應劭曰縣在頻水之陽今縣之左右無水以應之所可當者惟鄭渠與沮水又東逕蓮芍縣故城北十三州志曰縣以草受名也沮水又東逕漢光武故城北又東逕粟邑縣故城北莽更名粟城也後漢封騎都尉耿夔爲侯國其水又東北流注于洛水也

水經卷第十六

水經卷第十七

漢桑欽撰　後魏酈道元注

渭水上

渭水出隴西首陽縣渭谷亭南鳥鼠山

渭水出首陽縣首陽山渭首亭南谷山在鳥鼠山西北此縣有高城嶺嶺上有城號渭源城渭水出焉三川合注東北流逕首陽縣西與別源合水出南鳥鼠山渭水出谷尚書禹貢所謂渭出鳥鼠者也他說曰鳥鼠山同穴之枝幹也渭水出其中東北過同穴枝間既言其過明非一水也又東北流而會于殊源也渭水東南流逕首陽縣南右得封溪水次南得廣相溪水次東得共谷水左則天馬溪水次南則伯陽谷水並參差翼注亂流東南出矣

又北過襄武縣北

廣陽水出西山二源合注成一川東北流注于渭渭水又東南逕襄武縣東北荆頭川水入焉水出襄武西南鳥鼠山荆谷東北逕襄武縣故城北王莽更名相桓漢護羌校尉溫序行部為隗囂部苟宇所拘銜鬚自刎處也其水東北流注于渭渭水常若東南不東北也又東枲水注之水出西南雀富谷東北逕襄武縣南東北流入于渭魏志稱咸熙二年襄武上言大人見身長三丈餘跡長三尺一寸白髮著黄單衣巾柱杖呼民王始語云今當

太平十二月天祿永終曆數在晉遂遷魏而事晉

又東過獂道縣南

右則岑溪水次則司水俱左則過水右注之源水東南逕獂道故城西昔秦孝公西斬戎之獂王應劭曰獂戎邑也漢靈帝五年别爲南安郡赤亭水出東山赤谷西流逕城北南入渭水渭水又逕城南得粟水水出西南安都谷東北流注于渭渭水又東新興川水出西南鳥鼠山二源合舍東北流與彰川合水出西南溪下東北至彰縣南水屬道故候尉治後漢縣之永元元年帝封耿秉爲侯國也萬年川水出南山東北流注之又東北注新興川又東北逕新興縣北晉書地道記南安之屬縣

也其水又東北與南川水合出西南山下東北合北水又東北注于渭水渭水又東逕城武縣西武城川水入焉津源所道出鹿部西山兩源合注東北流逕鹿都南亦謂之鹿部水又東北昌丘水出西南丘下東北注武城水亂流東北注渭水渭水又東入武陽川又有關城川水出南安城谷水出北丘川參差注渭水渭水又東與落門西山東流三府谷水注之三川統一東北流注于渭水有落門聚昔馮異攻落門未拔而薨建武十年來歙又攻之擒隗囂子純隴右平渭水自落門東至黒水峽左右六水夾注左則武陽溪水東門得土門谷水俱出北山南流入渭左則有溫谷次東有故城

溪水次東有閭里溪水亦名習溪水次東有黑水竝出南山北流入渭水又東出黑水歷冀川

又東過冀縣北

渭水自黑水峽至崟峽南北一十水注之北則溫谷水注之其水導平襄縣南山溫溪東北流逕平襄縣南城故襄戎邑也王莽之謂平襄縣矣其水東南流歷三堆南又東流而南屈入黃槐川梗津渠冬則輟流春夏承盛則通川注渭次則午谷水南入渭水南有長壍谷水次東有安蒲溪水次東有衣谷水竝南出朱圉山山在梧中聚有石鼓不擊自鳴鳴則兵起漢成帝鴻嘉三年天水冀南山有大石自鳴聲隱隱如雷有頃止聞于平襄二百

四十里野雞皆鳴石長丈三尺廣厚略等在崖脇去地百餘丈民俗名曰石鼓石鼓鳴則有兵是歲廣漢鉗子攻死囚盜庫兵略吏民衣繡衣自號爲仙君黨與漫廣明年冬伏誅自歸者三千餘人信而有徵其水北逕冀縣城北秦武公十年代冀戎縣之故天水郡治王莽更名鎮戎縣曰冀治漢明帝永平十七年改曰漢陽郡城即隗囂稱西伯所居也後馬超之圍冀也涼州別駕閻伯儉潛出水中將告急夏侯淵爲超所擒令告城無救伯儉曰大軍方至咸稱萬歲超怒數之伯儉曰卿欲令長者出不義之言乎遂殺之渭水又東合冀水水出冀谷次東濁谷水次東有當里溪水次東有託里

水次東有渠谷水次東有黄土川水俱出南山北逕城冀東而北流于渭渭水又東出岑峽入新陽川逕新陽下城南溪谷赤蒿二水並出南山東北入渭水渭水又東與新陽崖水合即隴水也東北出隴山其水西流隴右逕瓦亭南隗囂聞略陽陷使牛邯守瓦亭即此亭也其水亦出隴山東南流歷瓦亭北又西南合爲一水謂之瓦亭川西南流逕清賓溪北又西南與黑水合水出黑城北西南逕黑城西西南流莫吾南川水注之水東北出隴垂西南流歷黑城南注黑水黑水西南出懸鏡峽入西南入瓦亭川又有澁水自西東會世謂之鹿角口又南逕阿陽縣故城東中平元年北地羌胡與邊章侵隴右漢陽長吏蓋勲屯阿陽以拒賊即此城也其水又南與燕無水合水源延發東山西注瓦亭水瓦亭水又南左會方城川西注瓦亭水瓦亭水又南逕成紀縣東歷長離川謂之長離水右與成紀水合水源導西北當亭川東流出破石峽津流遂斷故瀆東逕成紀縣故帝太皥庖犧所生之處也漢氏以爲天水縣王莽之阿楊郡治也又東潛源隱發通之成紀水東南入瓦亭川川水又東南與受渠水相會水東出大隴山西逕受渠亭北又西南入瓦亭川川水又西南流歷僵人峽路側巖上有死人僵尸巒穴故岫壑取名焉釋鞍就穴直上可百餘仞石路逶迤劣通單步僵尸倚窟

枯骨尚全唯無膚髮而已訪其川居之士云其鄉
中父老作童兒時已聞其長舊傳此當是數百年
骸矣其水又西南與略陽川水合水出隴山香谷
西西流右則單溪西往左則閣水入焉其水又西
歷蒲池郊石魯水出東南石魯溪西北注之其水
又西入略陽川西得破社谷水次西得平相谷水
又西得金里谷水又西得南室水又西得蹄谷水
並出南山北流於略陽城東楊波北注川水又西
逕略陽道故城北瀘渠水出南山北逕涅峽北入
城建武八年中郎將來歙與祭遵所部護軍王忠
右輔將軍朱寵將二千人皆持鹵刀斧自安民縣
之楊城永始二年成帝罷安定呼他苑以爲安民

縣起官寺市里從番傾回中伐樹木開山道至略
陽夜襲擊囂拒守將軍金梁城等皆殺之因保其
城隗囂聞略陽陷悉衆以攻歙激水灌城光武親
將囂走西城世祖與來歙會于此其水自城北注
川一水二川蓋囂所堨以灌略陽也川水西得白
陽泉又西得蒲谷水西得蒲谷西川又西得龍尾
溪水與渭谷水合俱出南山飛清北入川水水又
西南得水洛口水源東導隴山西逕水洛高西南
流又得犢奴水口水出隴山西逕犢奴川又西逕
水洛亭南西北注之亂流西南逕石門峽謂之石
門水西南注洛陽川略陽川水又西北流入瓦亭
水瓦亭水又西南出顯親峽石宕水注之水出北

山山上有女媧祠庖羲之後有帝女媧焉與神農爲三皇矣其水南流注瓦亭水又西南逕顯親縣故城東南漢封大鴻臚竇固爲侯國自石宕次得蝦蟆溪水得金黑水又得宜都溪水咸出左右參差相入瓦亭水又東南合安夷川口水源東出更胡谷西北流歷夷水川與東陽川水會謂之取陽交又西得何宕川水又西得羅漢水並自東北西南注夷水夷水又西逕顯親縣南西注瓦亭水瓦亭水又東南得大華谷水又東南得折里溪水又東得六合水皆出近溪湍峽注瓦亭水又東南出新陽峽崖岫壁立水出其間謂之新陽崖水又東南流于渭是也

又東過上邽縣

渭水東歷縣北封山流之陰逕固嶺北東東南流蘭渠川水出自北山帶佩衆溪南流注于渭渭水東南與神澗水合開山圖所謂靈泉池也俗名之爲石萬灣淵深不測實爲靈異先後慢遊者多離其斃渭水又東南得歷泉水北歷泉溪東南流注于渭渭水又東南出橋西亭西又南得藉水口水出西山百澗聲流總成一川東歷當亭川即當亭縣治也左則當亭水注之右則曾席水又東與大弁州水出西山二源合注東歷大弁川東南又注于藉水藉水又東南流與竹嶺水合水出南山竹嶺二源同瀉東北入藉水藉水又次東北入上邽

縣左佩五水東會占溪水次東有大魯溪水次東
得小魯谷水次東有楊反谷水咸自北山注離注
藉水藉水右帶五水竹嶺東得亂石溪水次東得
水門谷水次東得羅城溪水次東得山谷水皆導
源南山北流入藉水藉水又東黃瓜水注之其水
發源黃瓜西谷東流逕黃瓜縣北又東清溪白水
左右夾注又東北大旱谷水南出旱溪歷澗北流
泉溪委漾同注黃瓜水黃瓜水又東北歷赤谷咸
啼于藉藉水又東毛泉谷水又東逕上邽城南又
得數泉水並出南山北流注于藉藉水即洋水也
北有濛水注焉水出縣西北邽山翼帶眾流積以
成溪東溪南屈逕上邽縣故城西側城南出上邽

故邽戎國也秦武公十年伐邽縣之舊天水郡治
五城相接北城中有湖水有白龍出是湖風雨隨
之故漢武帝元鼎三年改爲天水郡其鄉居悉以
板蓋屋詩所謂西戎板屋也濛水又南注藉水山
海經曰邽山濛水出焉而南流注于洋謂是水也
藉水又東得其陽谷水又得宕水谷水並自南山
北入于藉藉水又東合段溪水出西南馬門溪東
北流合藉水藉水又東入于渭渭水又歷橋亭南
而入綿諸縣東與東亭水合亦謂之爲橋水也清
水又或爲通稱矣水源東發小隴山泉川瀉浪統
成一水西入東亭川爲東亭水與小祗大祗二水
合又西北得南神谷水三川並出東南差池瀉注

又有埋蒲水翼帶二川與延水並西南注東亭水東亭水又西右則嘆溝水次西得麴谷水水側出東南二溪西北流注東亭川東亭川水右則温谷水出小隴山又西莎谷水出南北莎溪西南注東亭川水東亭川水又西得清水口清水導源東北隴山一源俱發西南出龍口合成一水西南流磨細野峽逕清池谷又逕清水縣故城東王莽之識睦縣矣其水西南合東亭川謂之清水又逕清水城南又西與秦水合水出東北大隴山秦谷二源雙導歷三泉合成一水而歷秦川川有育故亭秦仲所封也秦之爲號始自是矣秦水西逕降隴縣故城南又西南自亥松多二水出隴山合而西南

流逕降隴城北又西南注秦水秦水又西南歷隴川逕六槃口過清水城西南注清清上下咸謂之秦川又西毛水注焉水北出毛谷引納衆流合以成溪溪水星會謂之小毛水西南流左長谷水西南注之右則東部水東南入焉毛又南入清水清水又西南得綿諸水口其道源西北諸溪東南與長思水北出思溪南入綿諸水又東南歷綿諸故道北東南入清水清水東南注渭渭水又東南注谷水水出西南注谷之山東北流與橫水合水出東南橫谷西北逕橫水壙入西北注谷水亂流西北出注谷峽又西北軒轅谷水注之水出南山軒轅溪南安姚瞻以爲黃帝生於天水在上邽城東

七十里軒轅谷皇甫謐云生壽丘丘在魯東門北未知孰是也其水北流注涇涇谷水又西北白城谷溪東北流白娥泉水出其西東注白城水白城水又東北入注谷水谷水又東北歷董亭下陽難當使兄子保宗鎮董亭即是亭也其水東北流注于渭山海經曰注谷之山注水出焉東南流注于渭是也謂水又東伯陽谷水入焉水出刑馬之山伯陽谷北流白水出東南白溪水西北注伯陽水伯陽水又西北歷谷引控羣流北注渭水又東歷大利又東南流猫谷水注之水出南刑馬山北歷平作西北逕苗谷屈而東逕伯陽城南謂之伯陽川蓋李耳西入往逕所由故山原畎谷往往播其

名焉渭水東南流衆川瀉浪邊次鳴注左則伯陽東溪水注之次東得望松水次東得毛六溪水次東得皮周谷水次東得黃杜東溪水出北山南入渭水其右則胡谷水次東丘谷水次東得丘谷東溪水次東有銅岩谷水並出南山東北注渭水又東南出石門度小隴山逕南田縣南東與楚水合世所謂長蛇水水出刑縣之數歷山也南流逕長蛇戍東魏和平三年築徙諸流民以過隴冠楚水又南流注于渭闞駰以是水為沂水言又東汧汙二水入焉余按渭地志沂水出汧縣西北闞駰十三州志曰與此同復以汧水為龍魚水蓋以其津流逕通而更攝其通稱泉矣水東入散關抱朴

子神仙傳曰老子西出關關令尹喜候氣知眞人將有西遊者遇老子彊令之著書耳不得已爲著道德二經謂之老子書也有老子廟于寶搜神記云老子將西入關關令尹喜好道之士覩眞人當西乃要之途也皇甫士安高士傳云老子爲周柱下史及周衰乃以官隱爲周守藏室史積八十餘年好無名接而世莫知其眞人也至周景王十年孔子年十七遂適周見老聃然幽王失其道平王東遷關以捍移人以職徙尹喜候氣非此明矣而往逕所由茲焉或可是渭水又東逕西武功北俗以散關城非也褚先生乃曰武功扶風西界小邑也蜀口棧道近山無他豪易高者是也渭水又與

其扞水合水周道谷北逕武都道縣之故城西王莽更名曰善治也道縣有怒特祠列異傳曰武都故道縣有怒特祠云神本南山大梓也昔秦文公二十七年伐之尌瘡隨合秦文公乃遣四十人持斧斫之猶不斷疲士一人傷足不能去臥尌下聞鬼相與言曰勞攻戰乎其一曰足爲勞矣又曰秦公必持不休荅曰其如我何又曰赤灰跋於子何如乃默無言臥者以告令士皆赤衣隨所斫以灰跋尌斷化爲牛入水故秦爲立祠其水又東北歷大散關而入渭水也渭水又東而又合南山五溪水諸澗流注之也

又東過陳倉縣西

縣有陳倉山山上有寶雞鳴祠昔秦文公咸伯之言遊獵於陳倉遇之於此坂得若石焉其色如肝城如寶祠之故曰陳寶其來也自東南暉暈聲若雷野雞皆鳴故曰雞鳴神也地理志曰有上公明黃帝孫舜妻冢有羽陽宮秦武王起應劭曰縣氏陳山姚睦曰黃帝都陳言在此營氏開山圖注曰伏犧生成起起徙治陳倉也非陳國所建也魏明帝遣將軍太原郝昭築陳倉城成諸葛亮圍之亮使昭鄉人靳詳說之不下亮以數萬攻昭千餘人以雲梯衝車地道逼射昭昭以火射連石拒之亮不利而還今灘水對亮城是與昭相禦處也陳倉水出于陳倉山下東南流注于渭水渭水又東與

陽溪合其水上承斜水水自斜谷分往綏陽溪北屆陳倉入渭故諸葛亮與兄瑾書曰有綏陽小谷雖山崖絕重溪水縱橫難用行軍者邏候往來要道通人今使前軍斫治此道以向陳倉足以扳連賊勢使不得分兵東行者也渭水又東逕郁夷縣故城南地理志曰有汧水祠王莽更之曰郁平也東觀漢書曰隗囂圍來歙於略陽世祖詔曰桃花水出船槃皆至郁夷陳倉分部而進者也汧水入焉水出汧縣之蒲谷鄉維中谷決爲絃蒲藪爾雅曰水決之澤爲汧汧之爲名寔兼斯舉水有二源一水出縣西山世謂之小隴山巖嶂高嶮不通軌轍故張衡四愁詩曰我所思兮在漢陽欲往從之

隴坂長其水東北流歷澗注以成淵潭漲不測出五色魚俗以爲靈而莫敢採捕因謂是水爲龍魚水自下亦通謂之龍魚川川水東逕汧縣故城北史記秦文公東獵汧田因遂都其地是也又東歷澤亂爲二右曰龍泉泉逕五尺源流舊通淪漪四泄東北流注于汧汧水又東會一水發南山西側俗以此山爲吳山三峰霞舉疊秀雲天崩巒傾返山頂相捍望之恒有落勢地理志曰吳山在縣西古之汧山也國語所謂虞矣山下石穴廣四尺高七尺水溢石空懸波側注瀨漭盪發源穴川北流注于汧自水會上下咸謂之龍魚川汧水又東南以逕隃麋縣故城南王莽之扶亭也昔郭欽恥王

莽之微而遁跡於斯建武四年光武封耿況爲侯國矣汧水東南歷慈山東南逕郁夷縣逕平陽故城南史記秦寧公二年徙平陽徐廣曰故郁之平陽亭也城北有漢郱州刺史趙融碑靈帝建安元年丘汧水又東流于渭水渭水之右磻溪水注之水出南山茲谷乘高激流注于溪中溪中有泉謂之茲泉泉水潭積自成淵渚即呂氏春秋所謂太公釣茲泉也今人謂之凡谷石壁深高幽隍邃密林障秀阻人跡罕交東南隅有石室蓋太公所居也水流次平石釣處即太公垂釣之所也其投竿跽餌兩膝遺跡猶存是有磻溪之稱也其水清泠神異北流十二里注于渭北去維堆城七十里渭

水又東逕石源即北原也青龍二年諸葛亮出斜谷與司馬懿屯渭南雍州郭淮策亮必爭北原而北遂先據之亮至渭水又逕五丈原北魏春秋曰諸葛亮據渭水南原司馬懿謂將諸曰亮若出武功依山東轉者是其勇也若西上五丈原諸君無事矣亮果屯此原與懿相禦渭水又東逕郿縣故城南地理志曰右輔都尉治魏春秋諸葛亮寇郿司馬懿據郿拒亮即此縣也

水經卷第十七

水經卷第十八

漢桑欽撰　　後魏酈道元注

渭水中

又東逕武功縣北

渭水於縣斜水自南注之水出縣西南衙嶺山北歷斜谷逕五丈原東諸葛亮與步騭書曰僕前軍在五丈原原在武功西十里餘水出武功縣故亦謂之武功水也是以諸葛亮表云臣遣虎步監孟琰據武功水東司馬懿因水長攻琰營臣作竹橋越水射之橋成馳去其水北流注于渭地理志曰斜水出衙嶺北至郿注渭水又東逕馬冢北諸葛亮與步騭書曰馬冢在武功東十餘里有高勢攻之不便是以留耳渭水又逕武功縣故城北王莽之新光也地理志曰縣有太一山古文以爲終南杜預以爲中南也亦曰太白山在武功縣南去長安二百里不知其高幾何俗云武功太白去天三百山下軍行不得鼓角鼓角則疾風雨至杜彥達曰太白山南連武功山於諸山最爲秀傑冬夏積雪望之皓然山上有谷春祠春櫟陽人成帝時病死而尸不寒後忽出櫟南門及光門上而入太白山民爲立祠於山嶺春秋來祠中山宿焉山下有太白祠民所祀也劉曜之世是山崩長安人劉終於崩忘也惠公孝公並是穆公之後繼世之君矣子孫無由起宮於祖宗之墳陵矣以是推之知二

證之非實也而左會左陽水世名之西水北出左陽溪南流逕岐州城西魏置岐州刺史治左陽水又南流注于雍水雍水又與東水合俗名也北出河桃谷南流右會南源世謂之返眼泉亂流南逕岐州城東而南合雍水州居二水之中南則兩川之交會也世亦名之爲滓空水東流鄧公泉注之水出鄧艾祠北故名曰鄧公泉數源俱發於雍縣城南縣故秦德公所居也晉書地道記以爲西虢地也漢書地理志以爲西虢縣太康記曰虢叔之國矣有虢宮平王東遷叔自此之上陽爲南虢矣雍有五畤祠以上祠祀五帝昔秦文公田于汧渭之間夢黃蛇自天屬地其口止於鄜衍以爲上帝

之神於是作鄜畤祠白帝秦宣公作密畤於陳倉北坂祀青帝焉靈公又於吳陽作上畤祀炎帝焉獻公作畦畤祠赤帝焉漢高帝問曰天有五帝今何四也博士莫知其故帝曰我知之矣待我而五遂立北畤祀黑帝焉應劭曰四面積高曰雍闞駰曰宜爲神明之隩故立羣祠焉又有鳳臺鳳女祠秦穆公時有簫史者善吹簫能致白鵠孔雀穆公女弄玉好之公爲作鳳臺以居之積數十年一旦隨鳳去云雍宮世有簫管之聲焉今臺傾祠毀不復然矣鄧泉東流注于雍自下雖會他津猶得通稱故禹貢有雍沮會同之文矣雍水又東逕郡亭南世謂之樹亭川蓋邵樹聲相近悮耳亭被邵公

之莱邑也京相璠曰城在周城南五十里後漢郡
國志曰郡縣有邵亭謂此也雍水又東南流與杜
水合水出杜陽山其水南流謂之杜陽川東南流
左會漆水水出杜陽之縣漆溪謂之漆渠故徐廣
曰漆水出杜陽之岐山者是也漆水渠水南流大
欒水注之出西北大道川東南流入漆卽故岐水
也淮南子曰岐水出石橋山東南流相如封禪書
曰牧龜於岐漢書音義曰岐水名也謂斯水矣二
川洋逝俱爲一水南與杜水合俗謂之小黄水亦
或名之米流川逕岐山而又屈逕因城南城在岐
山之陽而近西所謂居岐之陽也非直因山致名
亦指水取稱矣又曆周原下北則中水鄉成周聚

故曰有周也水北卽岐山矣昔秦盜食穆公馬處
也岐水又東逕姜氏城南爲姜水按世本炎帝姜
姓帝王世記曰炎帝神農氏姜母安登遊華陽感
神而生炎帝長於姜水水合而東逕美陽縣之中
亭川水也水發杜陽縣大嶺側世謂之赤泥峴沿
波歷澗俗名大横水也疑卽杜水矣其水東南流
東逕杜陽故城東西三百步南北二百步世謂之
故縣川又故谷縣有杜陽山山北有杜陽谷有地
穴北入亦不知所極在大杜山南故縣取名焉亦
指足水而攝目矣卽王莽之通杜者故地理志曰
縣自杜水東二坑水注之水有二原一水出西北
瀆雝水二合而東歷五將山又合鄉谷水水出鄉

溪東南流入杜謂之鄉谷川又南莢水注之水出好時縣梁山大嶺泉南逕梁山宮西故地理志曰好時有梁山宮秦始皇起水東有好時縣故城王莽之好邑也世祖建武二年封建威大將軍耿弇爲侯國又南逕美陽縣之中亭川注雍水謂之中亭水又南於美陽縣西永元二年更封郭雍侯耿秉爲侯國其水又南流注于渭渭水又東逕郿塢南漢獻帝傳曰董卓發卒築郿塢高與長安城等積穀爲三十年儲自云事成雄據天下不成守此足以畢老其愚如此渭水之東洛谷之水出其南山洛谷北流逕長城西魏甘露三年蜀遣姜維出洛谷圍長城即斯地也

又東芒水從南來流注之

水經卷第十八

水經卷第十九

漢桑欽撰　後魏酈道元注

渭水下

渭水又東過槐里縣南又東澇水從南來注之

渭水逕縣之故城南漢書集注李奇謂之小槐里之西城也又東與芒水枝流合水受芒水於竹圃東北流又屈而入于渭

渭水又東北逕黃山宮南

即地理志所云縣有黃山宮惠帝二年起者也東方朔傳曰武帝微行西至黃山宮故世謂之遊城非也

就水注之

水出南山就谷北逕大陵西世謂之老子陵昔李耳爲周柱史以世衰入戎於此有冢事非經證然莊周著書云老聃死秦失弔之三號而出是非不死之言人稟五行之精氣陰陽有終變亦無不化之理以是推之或復如傳古人許以傳疑故兩存耳就水歷圃北與黑水合上承三泉就水之右三泉之奇發言歸一瀆北流左逕就水就水又北流注于渭

渭水又東合田溪水

水出南山田谷北流長楊宮西又北逕盩厔縣故城西又東北與一水合水上承盩厔南南泉北逕其縣東又北逕思鄉城西又北注田溪田溪水又

北注流于渭水也縣死有蒙蘢源上承渭水於鄠
縣東逕武功縣爲成林源東逕縣死亦曰靈軹源
河渠以引者水徐廣曰一作諸水是也
渭水又東逕槐里縣故地南
縣古太丘邑也周懿王都之秦以爲廢丘亦曰舒
丘和平元年桓帝封左中郎將皇甫嵩爲侯國縣
南對渭水北背通渠史記秦本紀云秦武王三年
渭水赤三日秦昭三十四年渭水又大赤三日洪
範五行傳曰赤者火色也水盡赤以火沴水也渭
水秦大川也陰陽亂秦用嚴刑敗亂之象後項羽
入秦封司馬欣爲塞王都櫟陽董翳爲翟王都高
奴章邯爲雍王都廢丘居槐里爲三秦漢祖北定

三秦引水灌城遂滅章邯三年改曰槐里王莽更
名槐治也世謂之爲大槐里晉太康中始平郡治
也其城逦帶防陸舊渠尚存即漢書所謂槐里環
隄者也東有涌水出南山赤谷東北流逕長楊宮
東宮有長楊樹因以爲名渭水又北逕葦圃西亦
謂之仙澤又北逕望仙宮又東北耿谷水注之水
發南山耿谷北流與柳泉合東北逕五柞相去八
里並以樹名宮亦由陶氏以五柳立稱故張晏曰
宮有五柞樹在盩厔縣西其水北逕仙澤東北又
逕望仙宮東又北與赤水會又北逕思鄉城東又
北注渭水
渭水又東合甘水

水出南山甘谷北逕秦文王負陽宮西又北逕五
柞宮東又北逕甘亭西在水東鄠縣昔夏啓伐有
扈作誓於是亭故馬融曰有扈甘南郊地名也甘
水又東得澇水口水出南山澇谷北逕漢宜春觀
又東北逕鄠縣故城西澇水際城北出合美陂水
水出宜春觀北東北流注澇水北流入于渭即上
林故地也東方朔稱武帝建元中微行北至池陽
西至黃山南獵長楊東遊宜春夜漏十刻乃出於
外中常侍武騎待詔及隴西北地良家子能騎射
者期諸殿下故有期門之號旦明入山下馳射鹿
豕狐兎手格熊羆上大驩樂之上仍使太中大夫
虞丘壽王與待詔能用筭者舉措阿城以南盩厔

以東宜春以西提封頃畝及其賈直屬之南山以
爲上林苑東方朔諫秦起阿房而天下亂因陳泰
階六符之事上乃拜太中大夫給事中賜黃金百
斤卒起上林苑故相如請爲天子遊獵之賦稱烏
有先生亡是公而奏上林也

又東豐水從南來注之

他說云渭水又東與豐水會于短陰山內水會無
他高山異巒所有唯原阜石激而已水上舊有便
門橋與便門對直武帝建武三年造張昌曰橋在
長安西北茂陵東如淳曰去長安四十里渭水又
逕太公廟北前有太公碑文字褫缺今無可尋

渭水又東北與鎬水合

水上承鎬池於昆明池北周武王之所都也故詩云考卜維王宅是鎬京維龜正之武王成之自漢帝穿昆明池於是地基構淪褫今無可究春秋後傳曰使者鄭客入伯谷關至平舒置見華山有素車白馬問鄭客安之荅曰之咸陽過鎬池曰吾華山君使願託書致鄗池君子之咸陽過鄗池見大梓下有文石取以款列梓當有應者以書與之勿妄發致之得所欲鄭客行至鄗池見一梓下果有文石取以款梓應曰諾鄭客如寐覺而見宫闕若王者之居焉謁者出受書入又見頃聞語聲言祖龍死神道茫昧理難辯測故無以精其幽致矣鄗水又北流西北注與滮池合水出鄗池西而北流入于鄗毛詩云滮流浪也而世傳以爲水名矣鄭玄曰豐鎬之間水北流也鎬水北逕溪靈臺西又逕磁石門西門在阿房前悉以磁石爲故專其目合四夷朝者有隱甲懷刃入門而脅之以示神故亦曰却胡門也鎬水又北逕于渭渭水北有杜郵亭咸陽十七里今名孝里亭中有白起祠嗟乎有制勝之功懃尹商之仁是地即其伏劒處也

渭水又東北逕渭城南

文頴以爲故咸陽矣秦孝公之所居離宫也獻公都櫟陽天雨金周太史儋見獻公曰周故與秦國合而別別五百歲復合合七十歲而覇王出至孝公作咸陽築冀闕而徙都之故西京賦曰秦里其

霸寔爲咸陽太史公曰長安故咸陽也漢高帝更名新城武帝元鼎三年别爲渭城在長安西北渭水之陽王莽之京城也始隷扶風後幷長安

而沈水注之

其水上承皇子陂於樊川其地即杜之樊鄉也漢祖至櫟陽以將軍樊噲灌廢丘最賜邑於此鄉也其水西北流逕杜京西西北流逕杜伯冢南杜伯與其友左儒仕宣王儒無罪見害杜伯死之終能報恨於宣王故成公子安五言詩曰誰謂鬼無知杜伯射宣王沈水又西北逕下杜城即杜伯國也沈水又西北支合故渠渠有二流上承交水合於高陽原而北逕河池陂東而北注沈水沈水又北與昆明故池會又北逕秦通六基東又北逕堨水陂東又北得陂承其陂東北流入于沈水沈水又北逕長安城西與昆明池水合水上承池於昆明臺故王仲都所居也桓譚新論稱元帝被病廣求方士漢中送道士王仲都詔問所能對曰能忍寒暑乃以昆明池上環水而馳御者厚衣狐裘寒戰而仲都獨無變色卧於池臺上暉然自若夏大暑日使曝坐環以十爐火不言熱又身不汗池水北逕鎬京東秦阿房宮西史記曰秦始皇三十五年以咸陽之人多先王之宫小乃作朝宫於渭南亦曰阿城也始皇先作前殿阿房可坐萬人下可建五丈旗周爲閣道自殿直抵城南山表山

顛爲闕爲複道自阿房度渭屬之咸陽象天極閣道漢抵營室也關中記曰阿房殿在長安西南二十里殿東西千步南北三百步庭中受十萬人其水又屈而逕其北東北流注堨水陂陂水北出逕漢武帝建章宮東於鳳闕南東注泬水又北逕鳳闕東三輔黃圖曰建章宮漢武帝造周二十餘里千門萬戶其東鳳闕高七丈五尺俗言貞女樓非也漢武帝故事云闕高二十丈關中記曰建章宮圓闕臨北道有金鳳在闕上高丈餘故號鳳闕也繁欽建章鳳闕賦曰秦漢規模廓然毀泯唯建章鳳闕巋然獨存雖非象魏之制亦一代之巨觀也泬水又北分爲二水一水東北流一水北逕神

明臺東傅子宮室曰上於建章中作神明臺井幹樓咸高五十餘丈皆作懸閣輦道相屬焉三輔黃圖曰神明臺在建章宮中上有九室今人謂之九子臺而實非也泬水又逕漸臺東漢武故事曰建章宮北有太液池池中有漸臺三十丈漸浸也爲池水所漸一說星名也南有璧門三層高三十餘丈中殿十二間階陛咸以玉爲之鑄銅鳳五丈飾以黃金樓屋上椽首薄以玉璧因曰璧玉門也泬水又北流注渭亦謂是水爲潏水也故呂忱曰潏水出杜陵縣漢書音義曰潏水聲而非水也亦曰高都水前漢之末五侯王氏大治池沼引它水入長安城故百姓歌之曰五侯初起曲陽最怒壞決

高都竟連五杜上山漸臺像西白虎即是水也

又東過長安縣北

渭水東分爲二水廣雅曰水自渭出爲㶏其由河之有雍也此瀆東北流逕魏雍州刺史郭淮南碑又東南合一水逕兩石人北秦始皇造橋鐵鐓重不勝故刻石作力士孟賁等像以祭之鐓乃可移動也又東逕陽侯祠北漲輙祠之此神能爲大波故配食河伯也後人以爲鄧艾祠悲哉讒勝道消專忠受害矣渭水又東注此水水上有梁謂之渭橋秦制也亦曰便門橋秦始皇作離宮於渭水南北以象天宮故三輔黃圖曰渭水貫都以象天漢橫橋南度以法牽牛橋廣六丈南北二百八十步六十八間七百五十柱北馮翊立之有一百二十二梁橋之南北有隄激立石柱柱南京兆立之柱北馮翊立之有令丞各領徒一千五百人橋之北首壘石水中故謂之石柱橋也舊有忖留神象此神甞與魯班語班令其人出忖留曰我貌狼醜卿善圖物容我不能出班於是拱手與言曰出頭見我忖留乃出首班於是以脚畫地忖留覺之便還沒水故置其象於水唯背以上立水上後董卓入關遂焚此橋魏武帝遂更修之橋三丈六尺忖留之像曹公乘馬見之驚又命下之燕丹子曰燕太子丹質於秦秦王遇之無禮乃求歸秦王爲機發之橋欲以陷丹丹過之橋不爲發又一說交龍捧

舉而機不發但言今不知其故處矣

渭水又東與沈水枝津合

水上承沈水東北流逕鄧艾祠南又東分爲二水

一水東入逍遥園注藕池池中有臺觀蓮荷被浦

秀實可翫其一水北流于渭

渭水又逕長安城北

漢惠帝元年築六年成即咸陽也秦離宫無城故

城之王莽更名常安十二門東出北頭第一門本

名宣平門王莽更名春王門正月亭亦曰東城門

其郭門亦曰東都門即逢萌挂冠處也第二門本

名清明門一曰凱門王莽更曰宣德門布恩亭内

有籍田倉亦曰籍田門第三門本名霸城門王莽

更名仁壽門無疆亭民見門色青又名青城門或

曰青綺門亦曰青門門外舊出佳瓜昔廣陵人邵

平爲秦東陵侯秦破爲布衣種瓜此門瓜美故世

謂之東陵瓜是以阮籍詠懷詩曰昔聞東陵瓜近

在青門外連畛拒阡陌子母相鉤帶指謂此門也

南出東頭第一門本名覆盎門王莽更名永清門

長茂亭其南有下杜城應劭曰故杜陵之下聚落

也故曰下杜門又曰端門北對長樂宫第二門本

名安門亦曰鼎路門王莽更名光禮門顯樂亭即

西安亭北對未央宫本名平門王莽更名信平門

城正亭西出南頭第一門本名章門王莽之名萬

秋門億年亭亦曰光華門也又曰便門第二本名

直門王莽更名直道門端路亭故龍樓門也張晏曰門樓有銅龍三輔黃圖曰長安西出第二門即此門也第三門本名西城門亦曰雍門王莽更名章義門著誼亭其水北入有函里氏名曰函里門又曰光門亦曰突門北出西頭第一門本名橫門王莽更名霸都門左幽亭如淳曰音光故曰光門其外郭有都門有棘門徐廣曰棘門在渭北孟康曰在長安北秦時宮門也如淳曰三輔黃圖曰棘門在橫門外按漢書徐厲軍於此備匈奴又有通門亥門也其第二門本名洛門又曰朝門王莽更名建子門廣世亭一曰高門蘇林曰高門長安城北門也又逕觀愚之山北流入于渭渭水又東西石

橋水南出馬嶺山積石據其東麗山距其西源西上通懸流數十與華岳同體其水北逕鄭城西承上有橋橋雖崩褫舊跡猶存東去鄭城十里故世以橋名水也而北流注于渭闞駰謂之新鄭水渭水又東逕鄭縣故城北史記秦武公十年縣之桓公友之故邑也漢書薛瓚注言周自穆公已下都於西鄭不得以封桓公也幽王既敗虢儈又滅遷居其地國于鄭父之丘是爲鄭桓公無封京兆之文余按遷史記考春秋國語世本言周宣王二十二年封庶弟友於鄭又春秋國語並言桓公爲周司徒以王室將亂謀於史伯而寄帑與賄於虢儈之間幽王宮於戲鄭桓公死之平遷鄭武公輔王

室滅虢僧而兼其土故周桓公言於王曰我周之東遷晉鄭是依及遷封於彼左傳隱公十一年鄭伯公孫獲曰吾先君新邑於此其能與許爭乎是其指新鄭爲言矣然班固應劭鄭玄皇甫謐裴頠王隱闞駰及諸述作者咸以西鄭爲友之始封也賢於薛瓚之單說也無宜違正經而從逸錄矣赤眉樊崇於鄭北設壇祀城陽景王而尊右校卒史劉俠卿牧牛兒盆子爲帝年十五被髮徒跣爲具絳單衣半頭赤幘直綦履顧見衆人拜恐畏欲啼號年建世後月餘乘白蓋小車與崇及尚書一人相隨向鄭北渡渭水即此處也城南山北有五部神廟東南向華岳廟前有碑後漢光和四年鄭縣

令河東裴畢字君先立蘇林曰戲邑名在新東南三十里孟康曰乃水名也今戲亭是也昔周幽王悅褒姒褒姒不笑王乃擊鼓舉烽以徵諸侯至無寇褒姒乃笑王甚悅之及犬戎至王又舉烽以徵諸侯諸侯不至遂敗幽王於戲水之上身死於酈山之北故國語曰幽滅者也漢成帝建始二年造延陵爲初陵以爲非霸曲亭南更營之鴻嘉元年於新豐戲鄉爲昌陵縣以奉初陵永始元年詔以昌陵卑下客土疏惡不可爲萬歲居其罷陵作令吏民反故徙將作大匠解延年燉煌關中記曰昌陵在霸城東二十里取土東山與粟同價所廢巨萬積年無成即此處也戲水又北分爲二水並注渭

水水又東泠水入焉水南出肺浮山蓋麗山連麓
而異名也北會三川統歸一壑歷新槃新豐兩原
之間北流注于渭渭水又東首水南倒虎山南總
五水單流注逕秦步宮高東世名立市城歷新豐
原東而北逕步壽宮西又北入渭渭水又東得西
陽水又東得東陽水並南出廣鄉原北垂俱北入
渭渭水又東石橋水會故泥水也水南出馬嶺山
北流逕武平城東按地理志左馮翊有武城縣王
莽之桓城也石橋水又逕鄭城東水有故石梁述
仙記曰鄭城東十四里各有石梁者也又地逕沈
城北漢書地理志左馮翊有沈陽縣王莽更之曰
制昌也蓋藉水以取稱矣渭水又東敷水注之水

南出石山之敷谷北逕告平城東者舊所傳言武
王伐紂告太平於此故城得闕名非所詳也敷水
又北逕集靈宮西地理志曰華陰縣有集靈宮武
帝起故張昶華嶽碑稱漢武慕其靈築宮在其後
而北流注于渭渭水又東餘水注之水南出良餘
山之陰北流入于渭俗謂之宣水也渭水又東合
黃酸之水世名之爲千渠水水南出升山北流注
于渭渭水又東逕平野城北城側枕渭濱半破淪
水南面通衢昔秦始皇之將亡也江神素車白馬
道華山下返璧於華陰平舒道曰爲遺鎬池君使
者致之乃二十八年度江所沈璧也即江神返璧
處也渭水之陽即懷德縣界也城在渭水之北池

死之南即懐德縣故城也世謂之高陽城非矣地理志曰禹貢北條荆山在南山下有荆渠即夏后鑄九鼎處也王莽更縣曰惡騅渭水又東逕長城北長澗水注之水南出太華之山側長城東而北流注于渭水史記秦孝公元年楚魏與秦接界魏築長城自鄭濱洛者也

又東過華陰縣北

洛水入焉闞駰以爲漆沮之水焉曹瞞傳曰操與馬超隔渭水每渡渭輒爲超騎所衝突地多沙不可築城婁子伯說今寒可起沙爲城以水灌之一宿而成操乃多作縑囊以運水夜波作城立於是水之次也渭水逕縣故城北春秋之陰晉也秦惠文王五年改曰寧秦漢高帝八年更名華陰王莽之華壇也縣有華山山海經曰其高五千仞削成而四方遠而望之又若華狀西南有小華山也韓子曰秦昭王令土施鈎梯上華山以節栢之心爲博箭長八尺棋長八寸而勒之曰昭王常與天神博於是神仙傳曰山中衛叔卿嘗乘雲車駕白鹿見漢武帝帝將臣之叔卿不言而去武帝誨求得其子度世令追其父度世登華見父與數人博於石上勑度世令遠山山層雲秀故能懐靈抱異耳山上有二泉東西分流至若山雨滂湃洪津泛灑挂溜騰虛直瀉山下有漢魏文帝三廟廟有石闕數碑一碑是建安中立漢鎮遠將軍段煨更修祠

堂碑文漢給事黃門侍郎張㬎造㬎自書之元帝又刊其二十餘字二書存重名傳於海內又刊傳中司隸校尉鍾繇弘農太守毋丘儉姓名廣六行鬱然循平是太康八年弘農太守河東衞叔始爲華陰令河東裴仲恂役其逸力修立壇廟以道樹栢迄于山陰事見永興元年華百石所造碑渭水又東沙渠水注之水出南山北流西北入長安城城自華山北逕于河華嶽銘曰秦晉爭其祠立城建其左者也郭著述仙記指證魏之立長城長城在後不得言在斯爲非矣渠水又北注入渭渭水又東逕定城北西征記曰城因原土述仙記曰定城去潼關三十里夾道各一城渭水又東泥泉水

注之水出南山靈谷而泉北流注于渭水也渭水又東合沙溝水水即符愚之水也南出符石逕新豐縣故城北東與魚池水會水出麗山東也水本導源東流後秦始皇葬於山北水過而曲行東注北轉始皇造陵取土其地汙深水積成池謂之魚池池在秦皇陵東北五里周圍四里池水西北流逕始皇冢北秦始皇大興厚葬營建冢壙於麗戎之山一名藍田其陰多金其陽多玉始皇貪其美名因而葬焉斬山鑿石下涸三泉以銅爲槨旁行周迴三十餘里上畫天文星宿之象下以水銀爲四瀆百川五嶽九州具地理之勢宮觀百官奇器珍寶充滿其中令匠作機弩有所穿近輒射之以

人魚膏爲燈燭取其不滅者久之後宮無子者皆使殉葬甚衆墳高五丈周廻五里餘作者七十萬人積年方成而周章百萬之師已至其下乃使章邯領作者以禦難弗能禁項羽入關發之以三十萬人三十日運物不能窮關東盜賊銷槨取銅牧人尋羊燒之火延九十日不能滅北對鴻門十里池水又西北流水之西南有温泉世以療疾三秦記曰麗山西北有温水祭則得入不祭則爛人肉俗云始皇與神女唾之生瘡始皇謝之神女爲出温水後人因以燒洗瘡張衡温泉賦序曰余出驪山觀温泉浴神井嘉洪澤之普施乃爲之賦云此湯也不使灼人形體矣池水又逕鴻門西又逕新

豐縣故城東故麗戎地也高祖王關中太上皇思東歸故象舊里制兹新邑立城社樹枌榆令街庭若一分置豐民以實兹邑故民之爲新豐也漢靈帝建寧三年改爲都鄉封段熲爲侯國後立陰槃城其水際北城出謂是水爲陰槃水又北絶漕槃溝注于渭渭水又東逕鴻門北舊大道北下坂下坂名也古有鴻寧漢書高祖將見項羽楚漢春秋曰項王在鴻門亞父曰吾使人望沛公其氣衝天五色相繆或似龍或似雲非人臣之臣可誅之漢高祖會項羽范增目羽羽不應樊噲杖盾撞人入食豕肩於此羽壯之郡國志曰新豐縣東有鴻門亭者也郭緣生或云霸城南門曰鴻門也項羽將

因會高祖危高祖羽仁而弗斷范增謀而不納項
伯終護高祖以獲免旣抵霸上遂封漢王按漢書
注鴻門在新豐東十七里則霸上應百里按史記
項伯夜馳告張良良與俱見高祖仍使夜返考其
道理不容得爾今父老傳在霸城南門數十里於
理爲得按緣生此記雖歷覽史漢述行涂逕亢可
謂學而不思矣今新豐縣故城東三里有坂長二
里餘塹原通道南北洞開有同門狀謂之鴻門孟
康言在新城東十七里無之蓋指縣治而言非謂
地也自新豐故城西至霸城五十里霸城西十里
則霸水西二十里則長安城應劭曰霸水上地名
在長安東二十里卽霸城是也高祖舊停軍處東

去新豐旣近何由項伯夜與張良共見高祖乎推
此言之知緣生此紀乖矣渭水又東石川水南注
焉渭水又東戲水注之水出麗山馮公谷東北流
又北逕麗戎城東春秋晉獻公五年伐之獲麗姬
於是邑麗戎男國也姬姓秦之麗邑矣又北右總
三川逕鴻門東又北逕戲亭東應劭曰戲弘農湖
縣西界也地隔諸縣不得爲湖湖西如此一里卽
李夫人冢冢形三成世謂之英陵夫人兄延年知
音尤善歌舞帝愛之每爲新聲變曲聞者莫不感
動常侍上起舞歌曰北方有佳人絕世而獨立一
顧傾人城再顧傾人國寧不知傾城復傾國佳人
難再得上曰世豈有此人乎平陽主曰延年女弟

上召見之妖麗善歌舞得幸早卒上憫念之以厚禮葬悲思不已賦詩悼傷故渠又東逕茂陵縣故城南武帝建元二年置地理志曰宣帝縣焉王莽之宣成也故渠又東逕龍泉北今人謂之温泉非也渠北故坂北即龍淵廟如淳曰三輔黄圖有龍淵宫今長安城西有其處黄盖宫之遺也故渠又東逕姜原北渠北有漢昭帝平陵東南去長安七十里又東逕平陵縣故城南地理志曰昭帝置王莽之廣利也故渠之南有竇氏泉北有徘徊廟又東逕漢大將軍魏其侯竇嬰冢南又成帝延陵南陵之東北五里即平帝康陵坂也故渠又東逕渭陵元帝永元四年以渭成壽陵亭原上爲初陵詔

不立縣邑又東逕哀帝義陵南又逕惠帝安陵南陵北有安陵縣故城也地理志曰惠帝置王莽之嘉平也渠側有杜郵亭又東逕渭城北地理志曰縣有蘭池宫秦始皇微行逢盗於蘭池今不知所在也又東逕長陵南亦曰長山也三秦記曰長安城北有平原廣數百里民井汲巢居井深五十丈秦名天子冢曰山漢曰陵故通曰山陵矣風俗通曰陵者天生自然者也今王公墳壠稱陵春秋左傳曰南陵夏后皐之墓也春秋説題辭曰丘者墓也冢者種也種墓也羅倚於山分卑尊之名者也渭水又東逕下邽縣故城南秦伐邽置邽戎於此有上邽故加下也渭水又東與竹水合南出竹山

北逕鄗加谷歷廣鄉原東俗謂之大赤水北流注于渭渭水又東得白渠口大始二年趙國中大夫白公奏穿渠引涇水口起谷口出於鄭渠南名曰白渠民歌之曰由于何所池陽谷口鄭國在前白渠在後即水所始也東逕宜春城南又東南逕池陽城北枝瀆出焉東南逕藕原下逕鄗縣故城北東南入渭今無水白渠又東枝渠出焉東南逕高陵縣故城北地理志曰左輔都尉治王莽之千春也大康地記謂之曰高陸也車頻秦書曰符堅建元十二年高陸縣民穿井得龜大二尺六寸背文負八卦古字堅以石爲池養之十六年而死取其骨以問吉凶名爲客龜大卜佐高夢客龜言我將

歸江南不遇死於秦曾於夢中自解曰龜三萬六千歲而終終必亡國之徵也爲謝玄破於淮肥自縊新城浮圖中秦祚因即淪矣又東逕櫟陽城北史記秦獻公二年城櫟陽自雍徙居之十八年雨金於是處也項羽以封司馬欣爲塞王按漢書高帝關中始都之王莽之師高也後漢建武二年封驃騎大將軍景丹爲侯國丹讓世祖曰富貴不還故鄉如衣錦夜行故以封卿白渠又東逕秦孝公陵北又東南逕居陵城北蓮芍城南又東注金氏陂又東南注于渭故漢書溝洫志白渠首起谷口尾入櫟陽是也今無水故渠又東逕漢丞相周勃冢南冢北有弱夫冢故渠東南謂之周氏曲又東

又東過鄭縣北
渭水又東逕巒都城北故潘邑殷契之所居世本曰契居蕃闞駰曰蕃鄭西然則今巒城是矣俗名之赤城水曰赤水非也符健入秦據此城以亢杜洪小赤水即山海經之灌水也水出石脆之山北逕蕭加谷於孤相原西東北流與愚水合出英山北流與招水相得水亂流西北注于灌灌水又北注于渭
又東過灞陵縣北霸水從縣西北流注之
霸者水上地名也古曰滋水矣秦穆公霸水更名滋水爲霸水以顯霸功水出藍田縣藍田谷所謂多玉者也西北有銅谷水次東有輕谷二水合而

西注之又西流入滻水滻水又西逕嶢關北歷柳嶢城東西有二城魏置清滻軍於城内世亦謂之清滻城也秦二世三年漢祖入自武關攻秦趙高遣將距於嶢關者也土地記曰藍田縣南有嶢關地名嶢柳道通荆州晉地道記曰關當上洛縣西北滻水又西北流入霸霸水又北歷藍田川逕藍田縣也竹書紀年梁惠王三年秦子向命爲藍君孟子向之故邑也川有漢臨江王榮冢景帝以罪徵之將行祖於江陵北門車軸折父老泣曰吾王不及矣榮至中尉郅都急切責王王年少恐而自殺葬於是川有鸞數萬銜土置冢上百姓矜之霸水又左合滻水歷白鹿原東即霸川之西故芷陽

矣史記秦襄王葬芷陽者也是謂之霸上漢文帝葬其上謂之霸陵上有四出道以瀉水在長安東南三十里故王仲宣賦詩云南登霸陵岸迴首望長安漢文帝甞欲從霸西馳下峻坂袁盎攬轡於此處上曰將軍怯也盎曰臣聞千金之子坐不垂堂百金之子立不倚衡聖王不乘危今馳不測如馬驚車敗柰高廟何上乃止霸水又北長水注之水出杜縣白鹿源其水西北流謂之荆溪溪水又西北左合狗枷川水水有二源西川上承磈山之斫槃谷次東有苦谷二水合而東北流逕風涼源西闗上圖曰麗山之西川中有阜名曰風涼原在磈山之陰雍州之福地即是原其水傷溪北注原

上有漢武帝祠其水名合東川水出南山之石門谷孟谷次東又大谷次東有雀谷東有土門谷五水北谷西北歷風涼原東又北與西川會原爲二水之會亂流北逕宣帝許后陵東而北去杜陵十里斯川於是有狗枷之名川東亦曰白虎原也上有狗枷堡三秦記曰麗山西有白鹿原原上有狗枷堡秦襄公時有大狗來下有賊則狗吠之故一堡無患故川得厥目焉川水又北逕杜陵東元帝初元元年葬宣帝杜陵北去長安五十里陵之西北有杜縣故城秦武公十一年縣之漢宣帝元康以杜東原上爲初陵更名杜縣爲杜陵也王莽之饒安也其水又北注荆溪荆溪又北入霸縣又有

温泉入焉水發自原下入荆水亂流注于霸俗謂之滻水非也史記音義文帝出安門注云在霸陵縣在故亭即郡國志所謂長門亭也史記云霸滻長水也雖不在祠典以近咸陽秦漢都涇渭長水盡得比大川之禮昔文帝居霸陵北臨廁指新豐路示愼夫人曰此走邯鄲道也因使愼夫人鼓瑟上自倚瑟而歌悽愴悲懷顧謂羣臣曰以北山石爲郭用紵絮斮陳漆其間豈可動哉釋之曰使其中有可欲雖錮南山猶有隙使無可欲雖無石郭又何戚焉文帝曰善拜廷尉韋昭曰高岸夾水爲廁今斯原夾二水也厨門其内有長安厨官在東故城曰厨門也如淳曰今名廣門也第三門本名

杜門亦曰利城門王莽更名進和門臨水亭其水有客舍故民曰客舍門又曰洛門也凡此諸門皆通逵九達三塗洞開隱以金椎周以林木左出右入爲徒之經行者升降有上下之别漢成帝之爲太子元帝嘗急召之太子出龍樓門不敢絶馳道西至直城門方乃得度上怪遲問其故以狀對上悅乃著令令太子得絶馳道也渭水東合昆明故渠渠上承昆明池東口東逕河池北亦曰女觀陂又東合沈水亦曰漕渠又東逕長安縣南東逕明堂南舊引水爲辟雍處在縣鼎路門東南七里其載上圓下方九宮十二室四嚮五色堂北三百步有靈臺是漢平帝永始四年立渠南有漢故圓丘

成帝建始二年罷雍五時始祀皇天上帝於長安南郊應劭曰天郊在長安南即此也故渠之北有白亭博望苑漢武帝爲太子立使通賓客從所好也太子巫蠱事發斫杜門東出史良娣死葬於苑北宣帝以爲戾園以倡優千人樂思后園廟故亦曰千鄉故渠又東而北屈逕青門外與泬水枝渠會渠上承泬水於章門西飛渠引水入城東爲倉池池在未央宮西池中有漸臺漢兵起王莽死於此臺又東逕未央宮北高祖在關東令蕭何成未央宮何斬龍首山而營之山長六十餘里頭於渭尾達樊川頭高二十丈尾漸下高五六丈土色赤而堅云昔有黑龍從南山出飲渭水其行道因山

成跡山即基闕不假築高出長安城北有玄武闕即北闕也東有倉龍闕闕內有閶闔正車諸門未央殿東有宣室玉堂麒麟含章白虎鳳皇朱雀鵷鸞昭陽諸殿天祿石渠麒麟三閣未央宮北即桂宮也周十餘里內有明光殿走狗臺柏梁臺舊乘複道用相逕通故張衡西京賦曰鉤陳之外各有窮隆長樂與明光逕北通于桂宮故渠出二宮之間謂之明渠也又東歷武庫北舊樗里子葬於此樗里子名疾秦惠帝異母弟也滑稽多智秦人號曰智囊葬於昭王廟西渭南陰鄉樗里故俗謂之樗里子也我百歲後是有天子之宮夾我墓穴以昭王七年卒葬于渭南章臺東至漢長樂宮在其

東未央宮在其西武庫直其墓秦人諺曰力則任
鄙智則樗里子也明渠又東逕漢高祖長樂宮北
本秦之長樂宮也周二十里殿前列銅人殿西有
長信長秋永壽永昌諸殿殿之東北有池池北有
層臺沼謂是池爲酒池非也故渠北有樓漢京兆
尹司馬文預碑故渠又東出城分爲二渠即漢書
所謂王渠者也蘇林曰王官家渠也猶今御溝矣
晉灼曰渠名也在城東霸門外一水逕楊橋下即
青門橋也側城北逕鄧艾祠西而北注渭無今水
其一渠東逕奉明縣廣城鄉之廣明苑南史王孫
及王夫人葬於郭北宣帝遷苑南史王孫及王夫
人卜以爲悼園益園民千六百家立奉明縣以奉

二園園在東都門昌邑王賀自霸御法駕郎中令
龔遂參乘至廣明東都門是也故渠東北逕漢太
尉夏侯嬰冢西葬日柩馬悲鳴輕車罔進下得石
槨銘云于嗟滕公居此室覇水又北會兩川又北
故源左出爲覇水又北逕王莽九廟南王莽地皇
元年傳徵天下工匠壞撤西苑建章諸宮館十餘
所取材瓦以起九廟笮及吏民以義入錢穀助成
九廟廟殿皆重屋太初祖廟東西南北各四十丈
高十七丈餘廟半之爲銅薄櫨飾以金銀雕文窮
極百工之巧褫高增下功費數百巨萬卒死者萬
數覇水又北逕枳道在長安縣東十三里王莽九
廟在其南漢世有白鷺羣飛自東都門過于枳道

呂后祓除於霸上還見倉狗戟脅於斯道也水上有橋謂之霸橋地皇三年霸橋木災自東起卒數千以水沉沃救不滅晨燎多盡王莽惡之下書曰甲午火橋乙未立春之日也予以神明三年終冬絶滅霸駁之橋欲以興成新室統一長存之道其名霸爲長存橋霸水之北左納漕渠絶霸右出焉東逕霸城北又東逕于楚陵北皇甫謐曰秦莊王葬于芷陽之麗山京兆東南霸陵山劉向曰莊王大其名立墳者也戰國策曰莊王字異人更名子楚故世人猶以子楚名陵又東逕新豐縣右會故渠上承霸水東北逕霸縣故城南漢文帝之霸陵漢縣也王莽更之曰水革魏故帝黄初元年徙長安金狄重不可致因留霸城南人有見蓟子訓與父老共摩銅人曰正見鑄此時計爾曰以近五百年矣故渠又東北逕劉更始冢西更始二年爲赤眉所殺故謂侍中劉恭夜取往而埋之光武使司徒鄧禹收葬於霸陵縣更始尚書僕射行大將軍事鮑永持節安集河東聞更始死歸世祖累遷司隸校尉行縣逕更始墓遂下拜哭盡哀而去帝問公卿大中大夫張湛曰仁不遺舊忠不忘君行之高者帝乃釋又東北逕新豐縣又合漕渠漢大司農鄭當時所開也以渭難漕命齊水工徐伯乃發卒穿渠引渭今源自昆明池南傍山原東至于河且田且漕大以爲便今霸水又北逕秦虎圈東列

士傳曰秦昭王會魏王魏王不行使朱亥奉璧一雙秦王大怒置朱亥虎圈中亥瞋目視虎皆裂血出濺虎虎不敢動卽是處也霸水又北入于渭水

渭水又東會成國故渠渠魏尚書左僕射衞臻征蜀所開也號成國渠引以澆故田其瀆上承汧水於陳倉東東逕郿及武功槐里縣北渠左有安定梁嚴塚碑碣尚存逕漢武帝茂陵南故槐里之茂鄉也應劭曰武帝自爲陵在長安西北八十餘里漢武帝故事曰帝崩後見形謂陵令薛平曰吾雖失勢猶爲汝君奈何令吏卒上吾陵磨刀劍乎自今已後可禁之平頓首謝因不見推問陵傍果有方石可以爲礪吏卒常盜磨刀劍霍光欲斬之

張安世曰神道茫昧不宜爲法乃止故阮公詠懷詩曰失勢在須臾帶劍上吾丘陵之室故遂葬焉塚在城東八里飲馬橋南四里故時人謂之馬塚故渠又北分爲二渠東逕虎圈南而東入霸一水北合渭今無水

東入于河

春秋之渭汭也左傳閔公三年虢公敗犬戎于渭隊服虔曰隊謂汭也杜預曰水之隈曲曰汭王肅云汭入也呂忱云汭者水相入也水會卽船司空所在矣地理志曰渭水東至船司空入河服虔曰縣名都官三輔黃圖有船庫官後改爲縣王莽之船利者也

水經卷第十九

水經卷第二十

漢桑欽撰　後魏酈道元注

漾水　丹水

漾水出隴西氐道縣嶓塚山東至武都沮縣為漢水

常璩華陽國記曰漢水有二源東源出武都氐道縣漾山為漾水禹貢道漾東流為漢是也西源出隴西嶓冢山會泉逕葭萌入漢始源曰沔按沔水出東狼谷逕沮縣入漢漢中記曰嶓塚以東水皆東流嶓塚以西水皆西流即其地勢源流所歸故俗以嶓塚為分水嶺即此推沔水無西入之理劉澄之云有水從沔陽縣南至梓潼漢壽入大穴暗通罡山郭景純亦言是矣罡山穴小本不容水水

成大澤而流與漢合庾仲邕又言漢水自武遂川南入蔓葛谷越野牛逕至開城合西漢水故諸言漢者多言西漢水至葭萌入漢又曰始源曰沔是以經云漾水出氐道縣東至沮縣為漢水東南至廣魏白水診其沿注似與三說相符而未極西漢之源矣然東西兩川俱受沔漢之名者義或在茲矣班固地理志曰司馬彪袁崧郡國志並言漢有二源東出氐道西出西縣之嶓冢山闞駰云漾或為漾漾水出崑崙西北隅至氐道重源顯發而為漾水又言隴西西縣嶓冢山在西西漢水所出南入廣魏白水又云漾水出獂道東至武都入漢許慎呂忱並言漾水出隴西獂道東至武都為漢水不

言氐道然源道在巢之西北又隔諸川無水南入疑出源道之為謬矣又云漢漾也東為滄浪水山海經曰嶓冢之山漢水出焉而東南流注于江然東西兩川俱出嶓冢而同為漢水者也孔安國曰泉始出為漾其猶濛耳而常璩專為漾山漾水當是作者附而為山水之殊目矣余按山海經漾水出崑崙西北隅而南流注于配塗之水穆天子傳曰天子自舂山西征至于赤烏氏已卯北征庚辰濟于洋水辛巳入于曹奴人戲觴天子于洋水之上乃獻良馬九百牛羊七千天子使逢固受之天子乃賜之黃金之鹿戲乃膜拜而受余以太和中從高祖北巡狄人猶有此獻雖古今世殊而所貢

不異然川流隱伏卒難詳照地理潛閟變通無方復不可全言闞氏之非也雖津流派別枝渠勢懸原始要終潛流或一故俱受漢漾之名納方士之稱是其有漢川漢陽廣漢漢壽之號或因其始或據其終縱異名互見猶為漢漾矣川共目殊或亦在斯今西縣嶓冢山西漢水所導也然微涓細注若通羃歷津注而已西流與馬池水合水出上邽西南六十餘里謂之龍淵水言神馬出水事同徐吾來淵之異故因名焉開山圖曰隴西神馬山有淵池龍馬所生即是水也其水西流謂之馬池川又西流入西漢水西漢水又西南流左得蘭渠溪水次西有山黎谷水次西有鐵谷水次西有石舭

谷水次西有南谷水並出南山楊端北注右得高
望谷水次西得西溪水次西得黃花谷水咸出北
山飛波南入西漢水又西南資水注之水北出資
川導源四壑南至資峽總爲一水出峽西南流注
西漢水西漢水又西南得峽石水口水出苑亭白
草里谷三溪西南至峽石口合爲一瀆東南流屈
而南注西漢水西漢水又西南合陽廉川水水出
西谷衆川瀉流合成一川東南流逕南縣故城北
秦莊公伐西戎破之周宣王與其大略大丘之地
爲西垂大夫亦西垂宫也王莽之西治矣建武八
年世祖至陽河竇融等悉會天水震動隗囂將妻
子奔西城從楊廣廣死囂愁窮城守時潁川賊起

車駕東歸留吳漢岑彭圍囂岑等壅西谷水以縑
幔盛土爲堤灌城城未没丈餘水穿壅不行地中
數丈涌出故城不壞請蜀救至漢等退上邽但廣
廉字相狀後人因以人名名之故習僞爲楊廉也
置楊廉縣焉又東南流右會茅川水水西南戎溪
東北流逕戎丘城南吳漢之爲西城王捷登城向
漢軍曰爲隗王城守者皆必死無二心願諸將亟
罰請自殺以明之遂刎頸而死又東北流注西谷
水亂流東南入于西漢水西漢水又西南逕始昌
峽始昌縣故城西晉書地道記曰天水始昌縣故
城西也亦曰清崖峽西漢水又西南逕巖備戍南
左則巖備水自東南西北注之右則臨官水南入

焉水有鹽官在嶓冢西五十許里相承營煑不輟
味與海鹽同故地理志云西縣有鹽官是也其水
東南逕巖備戍西東南入漢水漢水又西南左谷
水水出南山窮溪北注漢水又西南蘭軍水出於
西北至交谷東南歷郊山軍東南入漢水漢水又
西南逕祁山軍南雞水南出雞谷北逕水南縣西
北流注于漢漢水又西建安川水入焉其水導源
建威西北山白石戍東南二源水合注東逕建戍
城南又東與蘭坑水會水出西南近溪東北逕蘭
坑城西東北注建安水建安水又東逕蘭坑城北
建安城南其地故西縣之歷城也楊定自隴右徙
治歷城卽此處也去仇池一百二十里後攺爲建
安城其水又東合錯水水出錯水戍東南而東北
入建安水建安水又東北有雞尾谷水又東北有
太谷水又北有小祁山水並出東溪揚波西注又
北左會胡谷水水西出胡谷東逕金盤歷城二軍
北軍在水南層山上其水又東注建安水建安水
又東北逕塞峽元嘉十九年宋太祖遣龍驤將軍
裴方明伐楊難當將妻子北奔安西參將魯尚期
追出塞峽卽是峽矣左山側有石穴洞入言潛通
下辨所未許也其水出峽西北流注漢水漢水北
連山秀舉羅峯競峙祁山在嶓冢之西七十里罡
山上有城極爲巖固昔諸葛亮攻祁山卽斯城也
漢水逕其南城南三里有亮故壘壘之左右猶豐

茂宿草蓋亮所植也在上邽西南二百四十里開山圖曰漢陽西南有祁山溪徑委迤山高巖嶮九州之名岨天下之奇峻今此山於衆阜之中亦非爲傑矣漢水又西南與甲谷水合水出西南甲谷東北流注漢水漢水又西逕南岸北中岸之上下有二城相對左右墳壠低仰亘山被阜古詩云南岸北岸萬有餘家諸葛亮表言祁山縣云沮五百有民萬戶矚其丘墟信爲殷矣漢水西南逕武植戍南武植戍水發北山二源奇發合于安民戍南又南逕武植戍西而西南流注漢水漢水又西南逕平夷戍南又西南夷水注之水出北山南逕其戍西南入漢水漢水又西逕蘭倉城南又南右會

兩溪俱出西山東流注於漢水張華博物志云温水出鳥鼠山下注漢水疑是此水而非所詳也漢水又南入嘉陵道而爲嘉陵水然世俗名之爲皆陵水非也漢水又東南名得北谷水東南得城階水又東南得倉谷水右三水並出西溪東流注漢水漢水又東南逕瞿堆西又屈逕瞿堆南絕壁峭峙孤嶮雲高望之形若覆壷其高二十餘里羊腸蟠道三十六迴開山圖謂之仇夷所謂積石嵯峨嶔岑隱阿者也上有平田百頃煑土成鹽因以百頃爲號山上豐水泉所謂清泉涌沸潤氣上流者也漢武帝元鼎六年開以爲武都郡天池大澤在西故都爲目矣王莽更名樂平郡縣曰循虜縣常

璩范曄云郡居河池一名仇池池方百頃即指此
也左右悉白馬氏矣漢獻帝建安中有大水氏楊
勝者世居隴右爲氏大師子駒勇健多計徙居仇
池魏拜爲百頃氏王漢水又東合洛谷谷有二源
合同注一壑於神蛇戍西左右山溪多五色蛇性
馴良不爲物毒洛谷水又南逕虎馗戍東又南逕
仇池郡西瞿堆東西南入漢水漢水又東合洛漢
水水北發洛谷南逕威武戍南又西南與龍門水
合水出西北龍門谷東流與橫水會東北窮溪即
水源也又南逕龍門戍東又東南入洛漢水又東
南逕上禄縣故城西脩源濬導逕引北溪南總兩
川單流納漢漢水又東南逕濁水城南又東南會

平樂水水出武階東北四十五里更馳南溪導東
北源流山側有甘泉涌波飛清下注平洛水又逕
甘泉戍南又東逕平洛戍南又東入漢謂之會口
漢水東南逕脩城道南與脩水合水總二源東北
合漢漢水又東南於槃頭郡南與濁水合水出濁
城北東流與丁令溪水會其水北出丁令谷南逕
武街城西東南入濁水濁水又東逕武街城南故
下辨縣治也李倉李稚以氏王楊敵堅妻死葬陰
平襲街武爲氏所殺於此矣今廣業郡治濁水又
東宏體休注之水北出溪南逕武街城東而南流
注于濁水濁水又東逕白石縣南續漢書曰虞詡
爲武都太守下辨東三十餘里有峽峽中白水主

大石障塞水流春夏輙濆溢敗壞城郭詡使燒石以水灌之石皆碎裂因鐫去焉遂無泛溢之害濁水即白水之異名也濁水又東南渥陽水北出渥谷南逕白石縣東而南入濁水濁水又東南與仇鳩水合水發鳩溪南逕河池縣故城西王莽之樂平亭也其水西南流注濁水濁水又東南與河池水合水出河池北谷南逕河池戍東西南入濁水濁水東南兩當水注之水出陳倉縣之大散嶺西南流入故道川謂之故道水西南逕故道城東魏征仇池築以置戍與馬鞍山水合水東出馬鞍山歷谷西流至故道城東西入故道水西南流北川水注之水出北洛檟山南南流逕唐倉城下南至

困冢川入故道水故道水又西南歷廣香交合廣香川水水出南田縣利喬山南流至廣香川謂廣香川水又南注故道水謂之廣香交故道水又西南入秦岡山尚婆水注之山高入雲遠望增狀若嶺紆曦軒峯柱月駕矣懸崖之側列壁之上有神象若圖指狀婦人之容其形上赤下白世名之曰聖女神至於福應愆違方俗是祈水源北出利喬山南逕尚婆川謂之尚婆水歷兩當縣之尚婆城南魏故道郡治也西南至山入故道水故道水右又合黃盧山水水出西北天水郡黃盧山腹歷谷南流交注故道水故道水南入東益州之廣業郡界與沮水枝津合謂之兩當溪水上承武都沮縣

之沮水瀆西南流注于兩當溪虞詡爲郡漕穀布
在沮從沮縣至下辨山道嶮絕水中多石舟車不
通驢馬負運僦五致一詡乃於沮受僦直約自致
之即將吏民按行皆燒石檮木開漕船道水運通
利歲省萬計以其僦廩與吏士年四十餘萬也又
西南注于濁水濁水南逕槃頭郡東而南合鳳溪
水水上承濁水於廣業郡南逕鳳溪中有二石雙
高其形若闕漢世有鳳凰上故謂之鳳凰臺北去
郡三里水出臺下東南流左注濁水濁水又南注
漢水漢水又東南歷漢曲逕挾崖與挾崖水合水
西出檜潭交東流入漢水漢水又東逕武興城南
又東南與北谷水合水出武興東北而西南逕武

興城北謂之北谷水南轉逕其城東而南與一水
合水出東溪西流注北谷水又南流注漢水漢水
又西南逕關城北除水出西北除漢東南流入于
漢漢水又西南逕通谷通谷水出東北通溪上承
漾水西南流爲西漢水漢水又西南寒水注之水
東出寒川西流入漢漢水又西逕石亭戍廣平水
西出百頃川東南流注漢又有平阿水東山西流
注漢水漢水又逕晉壽城西而南合漢壽水水源
出東山西逕東晉壽故城南而西南入于漢水也
又東南至廣魏白水縣西又東南至葭萌縣東北與
羌水合
白水西北出于臨洮縣西南西傾山水色白濁東

南流與黑水合水出羌中西南逕黑水城西又西
南入白水白水又東逕洛和城南洛和水西南出
和溪東北流逕南黑水城西而北注白水白水又
東南逕鄧至城南又東南與大夷祝水合水出夷
祝城西南而窮溪北注夷水又東北合羊洪水出
東南羊溪西北逕夷祝城東又西北流屈而東北
注于夷水夷水又東北入白水白水又東與安昌
水會水源發衛大西溪東南逕鄧至安昌郡南又
東南合無累水無累水出東北近溪西南入安昌
水安昌水又東南入白水白水又東南入陰平得
東維水水出西北維谷東南逕維城西東南入白
水白水又東南逕陰平故城南王莽更名摧虜矣

即廣漢之北部也廣漢屬國都尉治漢平帝永初
三年分廣漢蠻夷置有白馬水出長松縣西南而
白馬漢東北逕長松縣北而東北注白水白水又
東逕陰平大城北蓋其渠帥自故城徙居也白水
又東偃庶水出西南偃溪東北流逕偃城西而東
北流入白水白水又東逕偃城北又東北逕橋頭
昔姜維之將還蜀也雍州刺史諸葛緒邀之於此
後期不及故維得保劍閣而鍾會不能入也白水
又與羌水合自下羌水又得其通稱矣白水又東
逕郭公城南昔郭淮之攻廖化於陰平也築之故
因名焉白水又東雝川水出西南雝漢東北注白
水白水又東合空泠水傍溪西南窮谷即川源也

白水又東南與南五部水會水有二源西源出五部溪東南流東源出郎谷西南合南注白水白水又東南逕建陽郡東而北與一水合二源同注共成三溪西南流入于白水白水又東南逕白水縣故城東卽白水郡治也經云漢水出其西非也白水又東南與西谷水相得水出西溪東流逕白水城南東南入白水白水又南左會東流水東入極溪便卽水源也白水又南逕輿城東又東南左得刺稽水口溪東北出便水源矣白水又東南清水左注之庚仲雝曰清水自邪山來合白水斯爲孟浪也水出於平武郡東北䲵累亘下南逕平武城東屈逕其城南又西歷平洛郡東南屈而南逕南

陽僑郡東北又東北逕新巴縣東北又東南逕始平僑郡南又東南逕小劒戍北四去大劒三十里連山絕嶮飛閣涌衢故謂之劒閣也張載銘曰一人守嶮萬夫赼趄信然故李特至劒閣而嘆曰劉氏有如此地而面縛於人豈不奴才也小劒水西南出劒谷東北流逕其戍下入清水清水又東南注白水白水又東南於吐費城南卽西晉壽之東北也東南流注漢水西晉壽卽蜀王弟葭萌所封爲苴侯邑故遂城爲葭萌矣劉備改曰漢壽太康中又曰晉壽水有津關段元章善風角弟子歸元章封筒藥授之曰路有急難開之生到葭萌從者與津吏諍打傷其破頭者可以此藥裹之生乃嘆

服還卒業焉亦廉叔度抱父柩自沈處也
又東南過巴郡閬中縣
巴西郡治也劉璋之分三巴此其一焉譙周曰强水出陰平西北强山一曰强川姜維之還也鄧艾遣天水太守王頎敗於强川即是也其水東北逕武都陰平梓潼南安入漢水漢水又東南逕津渠戍東又南逕閬中縣東閬水出閬陽縣而東逕其縣南又東注漢水昔劉璋之攻霍峻於葭萌也自此水上張達范强害張飛於此縣漢水又東南得東水口水出巴嶺南歷獠中謂之東遊水李壽之時獠自牂牁北入所在諸郡布在山谷其水西南逕宋熙郡東又東南逕平城東又東南逕巴西郡

東又東入漢水漢水又東與濩溪水合水出獠中世亦謂之爲清水也東南流注漢水漢水又東南逕宕渠縣東又東南合宕渠水水西北出鄭縣南巴嶺與槃余水同源派注南流謂之北水東南流與難水合水出東北巴山西南注之又東南流逕宕渠縣謂之宕渠水又東南入漢
又東南入漢州江津縣東南入于江
涪水注之故仲雍謂涪內水者也
丹水出京兆上洛縣西北冢嶺山
名高猪山也丹水東南流與清池水合水源東北出清池山西南流入于丹水
東南過其縣南

縣故蜀京兆晉分爲郡地道記曰郡在洛上故以爲名竹書紀年晉烈公三年楚人伐我南鄙至于上洛楚水注之楚水出上洛縣西南楚山昔四皓隱于楚山卽此山也其水兩源合舍於四皓廟東又東逕高車嶺南翼帶衆流北轉入丹嶺上有四皓廟丹水自倉野又東歷兔和山卽春秋所謂左師軍於兔和右師軍于倉野者也

又東南過商縣南又東南至于丹水縣入于汋

契始封商魯連子曰在太華之陽皇甫謐闞駰並以爲上洛商縣也殷湯之名起於此矣丹水自商縣東南流注歷少習出武關應劭曰秦之南關也通南陽郡春秋左傳哀公四年楚左司馬使謂陰

地之命大夫士蔑曰晉楚之盟好惡同之不然將通於少習以聽命者也京相璠曰楚通上洛阮道也漢祖下浙酈攻武關文頴曰武關在浙縣西一百七十里弘農界也丹水又東南流入曰口歷其戍下又東南浙水出浙縣西北弘農盧氏縣大蒿山南流逕脩陽縣故城北縣卽浙之北鄉也又東入浙縣統結成潭謂之龍淵清深神異耆舊傳云漢祖入關逕觀是潭其下若有府舍焉事旣非恒難以詳矣其水又東逕其縣故城北蓋春秋之白羽也左傳昭公十八年楚使王子勝遷許於浙是也郭仲産云相承言此城漢高所築非也余按史楚襄王元年秦出武關斬衆五萬取浙一十五城

漢祖入關亦言下淅酈非無城之言循之則可矣
淅水又歷其縣東王莽更名縣爲古亭也而南流
入丹水縣注于丹水故丹水會均有淅口之稱丹
水又東南逕一故城南名曰三戶城昔漢祖入關
王陵起兵丹水以歸漢祖此城疑陵所築也丹水
又逕丹水縣故城西南縣有密陽鄉古商密之地
昔楚申息之師所戍也春秋之三戶矣杜預曰縣
北有三戶亭竹書記年曰壬寅孫何侵楚入三戶
郛者是也水出丹魚先夏至十日夜伺之魚水郭
側赤光上照如火網而取之割其血以塗足可以
步行水上長居淵中丹水東南流至其縣南黃水
出北子山黃谷南逕丹水縣南注于丹水黃水北

有墨山山石悉黑繢彩奮發黝焉若墨故謂之墨
山今河南新安縣有石墨山斯其類也丹水南有
丹崖山山悉頳壁霞舉若紅雲秀天二岫更爲殊
觀矣丹水又南逕南鄉縣故城東北漢建安中割
南陽石壤爲南鄉郡逮晉封宣帝孫暢爲順陽王
因爲立順陽郡而南鄉爲縣舊治酇城永嘉中丹
川浸沒至永和中徙治南鄉故城城南門外舊有
郡社栢樹大三十圍蕭欣爲郡伐之言有大蛇從
樹腹中墜下大數圍長三丈羣小蛇數十隨入南
山聲如風雨伐樹之前見夢於欣欣不以厝意及
伐之吏少日果死丹水又東逕南鄉縣北興寧末
太守王靡之改築今城城北半據在水中左右夾

溪深長及春夏水漲望若孤洲矣城前有晉順陽太守丁穆碑郡民范甯立之丹水逕流兩縣之間歷於中之北所謂商於者也故張儀說楚絕齊許以商於之地六百里謂以此矣吕氏春秋曰堯有丹水之戰以服南蠻卽此水也又南合汋水謂之淅水

水經卷第二十